하나님의 친아들이
되는 것이
구원입니다

하나님의 친아들이
되는 것이
구원입니다

주종철
주성대
지음

성도를 이단으로부터
100% 지켜 주는 책

" 하늘의 별과 같이 땅의 티끌과 같이 많은 하나님의
아들들을 얻으시는 것이 영원한 때 전에 계획하신
하나님의 경륜입니다.

바른북스

하나님이 주신 사람

작사/작곡 주종철목사

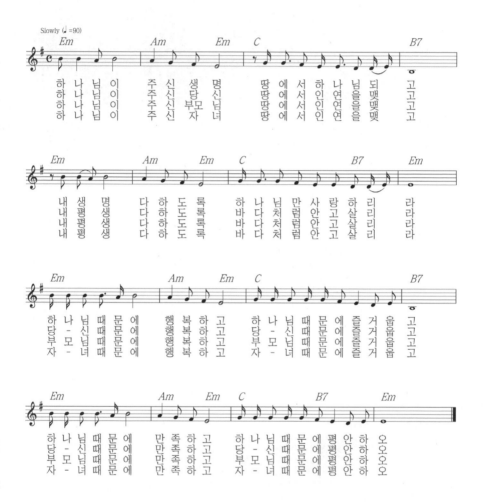

주 예수님을 바로 아는 신앙고백

예수님은 누구십니까?

하나님은 한 분이시며 사람의 형상(형체)을 하고 계시고 전능하셔서 천지 만물을 창조하신 분입니다.

그러므로 예수님은 여호와 하나님 아버지 전체가 다 하늘에서 이 땅에 내려오시어

마리아의 배 속에서 사람이 되신 분이기 때문에 곧 아들이요, 영존하신 아버지요, 성령이십니다.

예수님이 하나님이시면서 사람이신 이유는 여호와 하나님이 직접 오셔서 사람이 되셨기 때문에 예수님과 아버지는 하나이시고 하나이신 예수 안에서 아버지는 하나님이시고 예수님은 하나님의 아들이십니다.

하나님이 사람이 되셔서 전 인류의 죄를 담당하시기 위해 십자가에 못 박혀 죽으시고 삼일 만에 부활하셨기 때문에 내가 예수님과 함께 죽었다고 믿는 자들의 죄가 깨끗게 되는 것이요.

그 깨끗게 된 자들에게 승천하시어 보좌에 앉으신 그리스도께서 그리스도의 영으로 믿는 자들 속에 들어오시어 믿는 자를 대신하여 사시므로 믿는 자들로 믿는 자 속에 계시는 그리스도의 영 때문에 하나님의 아들들이 되게 하시는 분이 예수 그리스도입니다.

아멘

기독교란

한 분 하나님이 하나님의 아들이 되고 아내가 되고 또 아들들이 되시는 것이다.

하나님의 경륜

하나님의 경륜이란?
하나님의 행정과 경영하심인데 하나님이 자신의 형상과 모양대로 지으신 사람들에게 자신의 생명을 주어 분배하심으로 경영하신다.

주 예수로 부요하게 되는 법

주 예수님을 찬양합니다. 나는 주 예수님으로 말미암아 주 예수님의 생명을 받고 재림예수가 된 하나님의 아들이라고 항상 부르고 고백하는 것이다.

하나님의 아들이 되는 믿음의 5대 원칙

1. 하나님은 사람의 형체로 계신다.

2. 하나님은 한 분이시다.

3. 일위일체로 계신 하나님께서 하나님의 한 본질 곧 생명을 분배
   하시기 위해 삼위로 일하신다. 그러므로 예수님은 여호와 하나님
   아버지 전체가 다 하늘에서 이 땅에 내려오시어 마리아의 배 속
   에서 사람이 되신 하나님의 아들이시다.

4. 이 사람이신 예수님이 십자가에서 죽으실 때 나도 함께 죽었다고
   믿어야 한다.

5. 이상에서 언급한 하나님을 시인하고 믿음으로 그리스도가 두 번
   째 오셔서 내 안에 들어와 사시므로 내 안에 사시는 예수 그리스
   도로 말미암아 나는 주 예수가 되었다.

하나님을 쉽게 알 수 있는 용어에 대한 정의

1. 하나님의 정의

하나님이란? - 영계와 우주를 포함한 물질의 세계를 창조하시고 영체로서 사람의 형체로 계시는 분으로서 영원 전부터 스스로 계시는 단 하나밖에 없는 지존자의 생명을 하나님이라고 합니다.

2. 아버지 하나님의 정의

아버지란? - 사람의 형체를 하고 계시며 창조되지 않고 스스로 계시면서 속에 생명과 생각을 가지고 계신 분을 아버지라고 합니다.

3. 믿음의 정의

믿음이란? - 나에게 없는 하나님을 믿음으로 나에게 실재가 되게 하는 것입니다.

4. 무엇이 성령인가?

사람의 형체(형상)를 하고 있는 아버지 하나님의 생명이 활동을 하면 성령입니다.

5. 무엇이 말씀인가?

사람의 형체(형상)를 하고 있는 아버지 속에 있는 생명이 생명 안에 있는 생각을 통하여 입으로 말하면 이것을 말씀이라고 합니다.(창1:26, 겔1:26~28)

6. 영생의 정의

영생이란? - 창조되지 않은 아버지 하나님의 생명을 영생이라고 합니다.

〔참고〕 천사도 영원히 살지만 피조되었기 때문에 영생이라고 하지 않고, 사람도 영원히 살지만 피조되었기 때문에 영생이라고 하지 않습니다.

7. 교회의 정의

교회란? - 한 분 하나님 아버지의 생명의 성분으로만 채워진 사람들이 모인 곳이 교회입니다.

8. 예배의 정의

신령한 예배란? - 하나님 아버지의 친아들 주 예수가 되어 예배하는 것입니다.

〔참고〕 하나님을 최고로 기쁘게 해드리는 것이 예배입니다.

9. 그리스도의 정의

그리스도란? - 아버지의 생명이신 성령이 동정녀 마리아에게서 나신 예수라는 사람 속에 들어가 사람이신 예수의 생명과 하나된 생명으로 예수님께서 십자가에서 죽으실 때 아버지 속으로 가셨다가 "내가 그리스도와 함께 십자가에서 죽었다"고 믿는 자들 속으로 두 번째 오셔서 믿는 자들로 하나님의 아들들이 되게 하는 아버지의 생명(영)입니다.

10. 아버지와 아들의 관계

아버지와 아들은 ① 형체(형상)가 같고 ② 피가 같고 ③ 생명이 같고 ④ 본질이 같고 ⑤ 속성이 같아야 합니다.

[참고] 모든 것이 아버지와 똑같은 것이 아들입니다.

11. 예수 그리스도와 그리스도 예수의 차이

① 예수 그리스도 : 마리아가 낳은 원조 예수 그리스도를 지칭할 때

② 그리스도 예수 : 부활하신 예수 그리스도께서 믿는 사람들 속에 들어와 그 사람의 존재가 되고, 실재가 되고, 내용이 된 그 그리스도를 지칭할 때

12. 구원의 정의

구원이란? - 첫 사람 아담이 두 번째 아담인 예수 그리스도로 존재가 바뀌는 것이 구원입니다.

[참고] 구원에 이르게 하기 위해 그리스도가 두 번째 오셔서 믿는 사람 속으로 오시는 것입니다.(히9:28, 갈2:20, 골3:3-4)

13. 세례에 대한 정의

세례란? - 그 존재 안으로 잠기는 것입니다.

14. 여호와 하나님의 아내가 누구입니까?

하나님의 영이 들어가 있는 땅이 여호와 하나님의 아내입니다.(사 62:4, 고후11:2)

〔참고〕 첫 사람 아담은 하나님의 영이 들어가 있지 않으므로 하나님의 아내가 아닙니다.

15. 복음의 정의

복음이란? - 첫 사람 아담이 둘째 사람 예수 그리스도로 존재가 바뀌어 믿는 자들이 주 예수가 되는 것입니다.

16. 주 예수의 정의

하나님의 형상대로 지음 받고 살아있는 육체를 가진 사람 속에 아버지의 생명이 있는 사람이 주 예수입니다.

17. 영의 정의

영이란? - 영체로 사람의 형체를 하고 있으며 영원히 죽지 않고 사는 존재입니다.

제1장 죄로 말미암아 죽은 자를 살리는 것이 구원입니다

제2장 구원과 영생

죄로 말미암아
죽은 자를 살리는 것이
구원입니다

모든 사람은 죄인입니다

첫 사람 아담이 "선악을 알게 하는 나무의 실과는 먹지 말라 네가 먹는 날에는 정녕 죽으리라"라고 말씀하신 여호와 하나님의 계명을 어기고 뱀의 유혹을 받아 선악을 알게 하는 나무의 실과를 먹으므로 죄를 범하게 되었습니다.

―――― "16 여호와 하나님이 그 사람에게 명하여 가라사대 동산 각종 나무의 실과는 네가 임의로 먹되 17 선악을 알게 하는 나무의 실과는 먹지 말라 네가 먹는 날에는 정녕 죽으리라 하시니라" (창2:16-17)

"11 가라사대 누가 너의 벗었음을 네게 고하였느냐 내가 너더러 먹지 말라 명한 그 나무 실과를 네가 먹었느냐 12 아담이 가로되 하나님이 주셔서 나와 함께 하게 하신 여자 그가 그 나무 실과를 내게 주므로 내가 먹었나이다 13 여호와 하나님이 여자에게 이르시되 네가 어찌하여 이렇게 하였느냐 여자가 가로되 뱀이 나를 꾀므로 내가 먹었나이다" (창3:11-13)

첫 사람 아담이 범죄함으로 죄가 세상에 들어왔고 죄로 말미암아 사망이 왔는데 아담으로 말미암은 모든 사람이 죄를 지었으므로 사망이 모든 사람에게 이르렀습니다. 모든 사람이 죄인이고 모든 사람이 사망에 처하게 되었습니다.

— "이러므로 한 사람으로 말미암아 죄가 세상에 들어오고 죄로 말미암아 사망이 왔나니 이와 같이 모든 사람이 죄를 지었으므로 사망이 모든 사람에게 이르렀느니라" (롬5:12)

여호와 하나님이 아담에게 선악을 알게 하는 나무의 실과를 먹는 날에는 네가 정녕 죽으리라 말씀하셨는데 계명을 어기고 범죄한 아담이 죽었습니다.

— "1 여호와의 말씀이 또 내게 임하여 가라사대 2 너희가 이스라엘 땅에 대한 속담에 이르기를 아비가 신 포도를 먹었으므로 아들의 이가 시다고 함은 어찜이뇨 3 나 주 여호와가 말하노라 내가 나의 삶을 두고 맹세하노니 너희가 이스라엘 가운데서 다시는 이 속담을 쓰지 못하게 되리라 4 모든 영혼이 다 내게 속한지라 아비의 영혼이 내게 속함같이 아들의 영혼도 내게 속하였나니 범죄하는 그 영혼이 죽으리라" (겔18:1-4)

여호와 하나님의 말씀대로 아담이 죽었는데 육체가 죽은 것이 아니라 그 영혼이 죽었습니다. 그래서 죄를 범하면 영혼이 죽게 됩니다.

— "믿음의 결국 곧 영혼의 구원을 받음이라" (벧전1:9)

믿음의 결국은 영혼이 구원을 받는 것입니다. 육체를 입고 영원히 살 수 있는 사람은 단 한 사람도 없습니다. 모든 사람이 언젠가는 육체를 떠나 영계(靈界)에 들어가게 됩니다. 이때 영혼이 구원받은 사람만 하나님 아버지께로 갈 수 있습니다.

———　　"19 그런데 너희는 이르기를 아들이 어찌 아비의 죄를 담당치 않겠느뇨 하는도다 아들이 법과 의를 행하며 내 모든 율례를 지켜 행하였으면 그는 정녕 살려니와 20 범죄하는 그 영혼은 죽을지라 아들은 아비의 죄악을 담당치 아니할 것이요 아비는 아들의 죄악을 담당치 아니하리니 의인의 의도 자기에게로 돌아가고 악인의 악도 자기에게로 돌아가리라" (겔18:19-20)

　여호와께서 "범죄하는 그 영혼이 죽으리라" 말씀하셨고 아들은 아비의 죄악을 담당치 아니하고 아비는 아들의 죄악을 담당치 않는다고 했습니다. 아비가 믿는다고 아들이 구원받을 수 없고 아들이 믿는다고 아비가 구원받을 수 없습니다. 각 사람이 자기가 지은 죄에서 구원받아야 합니다.

《 2 》

죄인이 구원을 받을 수 있습니다

물에 빠진 사람에게는 자기를 물에서 건져 내 줄 구원자가 필요합니다. 그래서 물에 빠진 사람은 살려달라고 소리를 치면서 자기를 구원해 줄 구원자를 찾게 됩니다. 물에 빠지지도 않았는데 살려달라고 말할 사람은 아무도 없습니다. 물에 빠진 사람이 구원자를 찾는 것 같이 자기가 죄인임을 깨달아 아는 사람만 구원자이신 예수님을 찾고 또 만날 수 있습니다.

— "내가 죄악 중에 출생하였음이여 모친이 죄 중에 나를 잉태하였나이다"(시51:5)

모든 사람이 죄악 중에 출생하고 죄 중에 잉태되었으므로 모든 사람은 죄인입니다.

— "10 기록한 바 의인은 없나니 하나도 없으며 11 깨닫는 자도 없고 하나님을 찾는 자도 없고 12 다 치우쳐 한가지로 무익하게 되고 선을 행하는 자는 없나니 하나도 없도다 13 저희 목

구멍은 열린 무덤이요 그 혀로는 속임을 베풀며 그 입술에는 독사의 독이 있고 14 그 입에는 저주와 악독이 가득하고 15 그 발은 피 흘리는 데 빠른지라 16 파멸과 고생이 그 길에 있어 17 평강의 길을 알지 못하였고 18 저희 눈앞에 하나님을 두려워함이 없느니라 함과 같으니라"(롬3:10-18)

의인(義人)은 없나니 하나도 없다고 했습니다. 의(義)가 있는 사람이 하나도 없다는 뜻입니다. 죄악이 심히 중하므로 여호와 하나님께서 멸하신 소돔과 고모라는 의인 한 명이 없어서 멸망 당했습니다. 죄악이 관영(貫盈)한 소돔과 고모라를 멸하시기 전에 여호와 하나님께서 아브라함에게 나타나셔서 "나의 하려는 일을 아브라함에게 숨기겠느냐"라고 말씀하시고 소돔과 고모라에 행하실 일을 알리셨습니다.

"22 그 사람들이 거기서 떠나 소돔으로 향하여 가고 아브라함은 여호와 앞에 그대로 섰더니 23 가까이 나아가 가로되 주께서 의인을 악인과 함께 멸하시려나이까 24 그 성중에 의인 오십이 있을지라도 주께서 그 곳을 멸하시고 그 오십 의인을 위하여 용서치 아니하시리이까 25 주께서 이같이 하사 의인을 악인과 함께 죽이심은 불가하오며 의인과 악인을 균등히 하심도 불가하니이다 세상을 심판하시는 이가 공의를 행하실 것이 아니니이까 26 여호와께서 가라사대 내가 만일 소돔 성중에서 의인 오십을 찾으면 그들을 위하여 온 지경을 용서하리라 27 아브라함이 말씀하여 가로되 티끌과 같은 나라도 감히 주께 고하나이다 28 오십 의인 중에 오 인이 부족할 것이면 그 오 인 부족함을 인하여 온 성을 멸하시리이까 가라사대 내가 거기서 사십오 인을 찾으면 멸하지 아니하리라 29 아브라함이 또 고하여 가로되 거기서 사십 인을 찾으시면 어찌 하시려나이까 가라사대 사십 인을 인하여 멸하지 아니하리라 30 아브라함이 가로되 내 주여 노하지 마옵시고 말씀하게 하옵소서 거기서 삼십 인을 찾으시면 어찌 하시려나이까 가라사대 내가 거기서 삼십 인을 찾으면 멸하지 아니하리라 31 아브라함이 또 가로되 내가 감히 내 주께 고하나이다 거기서 이십 인을 찾으시면 어찌 하시려나이까 가라사대 내가 이십 인을 인하여 멸하지 아니하리라 32 아브라함이 또 가로되 주는 노하지 마옵소서 내가 이번만 더 말씀하리이다 거기서 십 인을 찾으시면 어찌 하시려나이까 가라사대 내가 십 인을 인하여도 멸하지 아니하리라 33 여호와께서 아브라함과 말씀을 마치시고 즉시 가시니 아브라함도 자기 곳으로 돌아갔더라"

(창18:22-33)

아브라함이 여호와의 말씀을 듣고 "그 성(城) 중에 의인 오십이 있으면 그 성을 멸하시겠나이까?"라고 하자 여호와께서 "내가 만일 소돔 성(城) 중에서 의인 오십을 찾으면 그들을 위하여 온 지경을 용서하리라"라고 말씀하셨습니다. 아브라함이 다시 "사십오 인, 사십 인, 삼십 인, 이십 인, 마지막으로 십 인의 의인(義人)이 있으면 어찌 하시려나이까?"라고 여섯 번을 여호와께 물었는데 여호와께서 "내가 십 인을 인하여도 멸하지 아니하리라"라고 말씀하셨습니다. 성경을 읽고 이 말씀을 아는 사람들이 소돔과 고모라는 의인 열 명이 없어서 멸망 당했다고 말들을 합니다. 의인 열 명이 없어서 소돔과 고모라가 멸망 당했다고 말하는 사람들에게 "그렇다면 의인 아홉 명은 있었습니까?"라고 묻고 싶습니다. 소돔과 고모라는 의인 한 명이 없어서 멸망 당했습니다. 왜냐하면 의인은 없나니 하나도 없기 때문입니다.

> "6 소돔과 고모라 성을 멸망하기로 정하여 재가 되게 하사 후세에 경건치 아니할 자들에게 본을 삼으셨으며 7 무법한 자의 음란한 행실을 인하여 고통하는 의로운 롯을 건지셨으니 8 (이 의인이 저희 중에 거하여 날마다 저 불법한 행실을 보고 들음으로 그 의로운 심령을 상하니라)" (벧후2:6-8)

물론 베드로후서 2장 6-8절에 소돔과 고모라에서 구원받은 롯을 의로운 자라고 말씀하신 곳이 있습니다. 그러나 창세기 19장 29절에는 아브라함을 생각하사 롯을 그 엎으시는 중에서 내어 보내셨다고 했습니다.

> "하나님이 들의 성들을 멸하실 때 곧 롯의 거하는 성을 엎으실 때에 아브라함을 생각하사 롯을 그 엎으시는 중에서 내어 보내셨더라" (창19:29)

롯이 구원받을 수 있었던 것은 의로운 아브라함 때문이지 롯이 의로워서가 아니라는 말씀입니다. 구약은 장차 이루어질 일에 대한 예표와 모형과 그림자로서 기록되었습니다. 아브라함과 롯은 속 사람과 겉 사람에 대한 예표입니다. 아브라함이 속 사람, 롯이 겉 사람을 예표합니다. 다시 말하자면 믿는 자의 영이 먼저 구원을 받고 그 영으로 죽을 몸을 살리시는 것에 대한 예표입니다. 아브라함은 영이 구원받는 것에 대한 예표이고 롯은 몸이 구원받는 것에 대한 예표입니다. 곧

한 사람 안에서 이루어지는 구원에 대한 예표입니다. 그래서 소돔과
고모라는 의인 한 명이 없으므로 멸망 당했습니다.

3

예수님은 죄인을 구원하시려고 오셨습니다

예수님은 의인을 부르러 오신 것이 아니요, 죄인을 불러 회개시키려고 오셨습니다.

"10 예수께서 마태의 집에서 앉아 음식을 잡수실 때에 많은 세리와 죄인들이 와서 예수와 그 제자들과 함께 앉았더니 11 바리새인들이 보고 그 제자들에게 이르되 어찌하여 너희 선생은 세리와 죄인들과 함께 잡수시느냐 12 예수께서 들으시고 이르시되 건강한 자에게는 의원이 쓸데없고 병든 자에게라야 쓸데 있느니라 13 너희는 가서 내가 긍휼을 원하고 제사를 원치 아니하노라 하신 뜻이 무엇인지 배우라 내가 의인을 부르러 온 것이 아니요 죄인을 부르러 왔노라 하시니라"(마9:10-13) "16 바리새인의 서기관들이 예수께서 죄인과 세리들과 함께 잡수시는 것을 보고 그 제자들에게 이르되 어찌하여 세리와 죄인들과 함께 먹는가 17 예수께서 들으시고 저희에게 이르시되 건강한 자에게는 의원이 쓸데없고 병든 자에게라야 쓸데 있느니라 내가 의인을 부르러 온 것이 아니요 죄인을 부르

러 왔노라 하시니라"(막2:16-17)

"31 예수께서 대답하여 가라사대 건강한 자에게는 의원이 쓸
데없고 병든 자에게라야 쓸데 있나니 32 내가 의인을 부르러
온 것이 아니요 죄인을 불러 회개시키러 왔노라"(눅5:31-32)

공관(共觀)복음인 마태, 마가, 누가 세 복음서에 공통으로 기록된 말
씀 가운데 하나가 바로 예수님이 죄인을 부르러 오셨다는 것입니다.
곧 죄인을 구원하시려고 예수님이 오셨다는 말씀입니다.

—— "미쁘다 모든 사람이 받을 만한 이 말이여 그리스도 예수께서
죄인을 구원하시려고 세상에 임하셨다 하였도다 죄인 중에
내가 괴수니라"(딤전1:15)

그리스도 예수께서 죄인을 구원하시려고 세상에 임하셨다고 사도
바울이 말씀하고 있습니다. 예수님이 세상에 오신 목적은 죄인을 구
원하기 위함입니다. 전술(前述)한 바와 같이 죄인이 아닌 사람이 한 사
람도 없습니다. 모든 사람이 죄인이므로 모든 사람이 구원을 받을 수
있습니다. 하나님께서는 모든 사람이 구원을 받으며 진리를 아는데
이르기를 원하신다고 했습니다.

—— "하나님은 모든 사람이 구원을 받으며 진리를 아는 데 이르기
를 원하시느니라"(딤전2:4)

하나님의 원하시는 대로 모든 사람이 구원을 받고 진리를 알아야
하는데 실상은 그렇지 않습니다. 죄인임에도 불구하고 자기를 의롭게

여기는 자들은 구원을 받을 수 없습니다.

"13 화 있을진저 외식하는 서기관들과 바리새인들이여 너희는 천국 문을 사람들 앞에서 닫고 너희도 들어가지 않고 들어가려 하는 자도 들어가지 못하게 하는도다 14 (없음) 15 화 있을진저 외식하는 서기관들과 바리새인들이여 너희는 교인 하나를 얻기 위하여 바다와 육지를 두루 다니다가 생기면 너희보다 배나 더 지옥 자식이 되게 하는도다 16 화 있을진저 소경된 인도자여 너희가 말하되 누구든지 성전으로 맹세하면 아무 일 없거니와 성전의 금으로 맹세하면 지킬지라 하는도다 17 우맹이요 소경들이여 어느 것이 크뇨 그 금이냐 금을 거룩하게 하는 성전이냐 18 너희가 또 이르되 누구든지 제단으로 맹세하면 아무 일 없거니와 그 위에 있는 예물로 맹세하면 지킬지라 하는도다 19 소경들이여 어느 것이 크뇨 그 예물이냐 예물을 거룩하게 하는 제단이냐 20 그러므로 제단으로 맹세하는 자는 제단과 그 위에 있는 모든 것으로 맹세함이요 21 또 성전으로 맹세하는 자는 성전과 그 안에 계신 이로 맹세함이요 22 또 하늘로 맹세하는 자는 하나님의 보좌와 그 위에 앉으신 이로 맹세함이니라 23 화 있을진저 외식하는 서기관들과 바리새인들이여 너희가 박하와 회향과 근채의 십일조를 드리되 율법의 더 중한바 의와 인과 신은 버렸도다 그러나 이것도 행하고 저것도 버리지 말아야 할지니라 24 소경된 인도자여 하루살이는 걸러내고 약대는 삼키는도다 25 화 있을진저 외식하는 서기관들과 바리새인들이여 잔과 대접의 겉은 깨끗이 하되 그 안에는 탐욕과 방탕으로 가득하게 하는도

다 26 소경된 바리새인아 너는 먼저 안을 깨끗이 하라 그리하
면 겉도 깨끗하리라 27 화 있을진저 외식하는 서기관들과 바
리새인들이여 회칠한 무덤 같으니 겉으로는 아름답게 보이
나 그 안에는 죽은 사람의 뼈와 모든 더러운 것이 가득하도다
28 이와 같이 너희도 겉으로는 사람에게 옳게 보이되 안으로
는 외식과 불법이 가득하도다 29 화 있을진저 외식하는 서기
관들과 바리새인들이여 너희는 선지자들의 무덤을 쌓고 의인
들의 비석을 꾸미며 가로되 30 만일 우리가 조상 때에 있었더
면 우리는 저희가 선지자의 피를 흘리는데 참예하지 아니하
였으리라 하니 31 그러면 너희가 선지자를 죽인 자의 자손 됨
을 스스로 증거함이로다 32 너희가 너희 조상의 양을 채우라
33 뱀들아 독사의 새끼들아 너희가 어떻게 지옥의 판결을 피
하겠느냐" (마23:13-33)

죄인임에도 자기를 의롭게 여기는 자들의 대표가 바로 서기관들과
바리새인들입니다. 그래서 예수님은 외식(外飾)하는 서기관들과 바리
새인들에게 일곱 번이나 "화 있을진저"라고 저주하셨습니다. 또 그들
에게 "뱀들아 독사의 새끼들아 너희가 어떻게 지옥의 판결을 피하겠
느냐"라고 말씀하시면서 그들이 마귀의 자식이라고 말씀하셨습니다.
서기관들과 바리새인들처럼 외식(外飾)하는 자들은 절대로 구원을 받
을 수 없습니다.

———
"9 또 자기를 의롭다고 믿고 다른 사람을 멸시하는 자들에게
이 비유로 말씀하시되 10 두 사람이 기도하러 성전에 올라가
니 하나는 바리새인이요 하나는 세리라 11 바리새인은 서서

따로 기도하여 가로되 하나님이여 나는 다른 사람들 곧 토색, 불의, 간음을 하는 자들과 같지 아니하고 이 세리와도 같지 아니함을 감사하나이다 12 나는 이레에 두 번씩 금식하고 또 소득의 십일조를 드리나이다 하고 13 세리는 멀리 서서 감히 눈을 들어 하늘을 우러러 보지도 못하고 다만 가슴을 치며 가로되 하나님이여 불쌍히 여기옵소서 나는 죄인이로소이다 하였느니라 14 내가 너희에게 이르노니 이 사람이 저보다 의롭다 하심을 받고 집에 내려갔느니라 무릇 자기를 높이는 자는 낮아지고 자기를 낮추는 자는 높아지리라 하시니라"(눅18:9-14)

예수님이 바리새인과 세리의 비유를 말씀하시면서 "하나님이여 불쌍히 여기옵소서 나는 죄인이로소이다"라고 하나님 앞에서 자기가 죄인 임을 고백한 세리가 의롭다 하심을 받는다고 말씀하셨습니다.

──── "시몬 베드로가 이를 보고 예수의 무릎 아래 엎드려 가로되 주여 나를 떠나소서 나는 죄인이로소이다 하니"(눅5:8)

예수님 앞에서 "주여 나를 떠나소서 나는 죄인이로소이다"라고 고백한 베드로를 불러 제자를 삼으시고 사도로 세우셔서 복음 전하는 일을 맡기셨습니다. 예수님은 죄인을 불러 회개케 하려고 오셨는데 진심으로 자기가 죄인 임을 깨달아 아는 자들을 부르시고 구원하십니다. 그러면 누가 구원을 받을 수 있습니까? 자기가 죄로 말미암아 죽을 수밖에 없는 죄인이라는 것을 깨달아 아는 자들만 구원을 받을 수 있습니다.

"39 달린 행악자 중 하나는 비방하여 가로되 네가 그리스도가 아니냐 너와 우리를 구원하라 하되 40 하나는 그 사람을 꾸짖어 가로되 네가 동일한 정죄를 받고서도 하나님을 두려워 아니하느냐 41 우리는 우리의 행한 일에 상당한 보응을 받는 것이니 이에 당연하거니와 이 사람의 행한 것은 옳지 않은 것이 없느니라 하고 42 가로되 예수여 당신의 나라에 임하실 때에 나를 생각하소서 하니 43 예수께서 이르시되 내가 진실로 네게 이르노니 오늘 네가 나와 함께 낙원에 있으리라 하시니라"

(눅23:39-43)

예수님과 함께 십자가에 못 박힌 두 강도 중에 한 강도가 "예수여 당신의 나라에 임하실 때에 나를 생각하소서"라는 한마디 고백으로 구원을 받았습니다. 구원받은 강도가 십자가형을 받았다는 것은 많은 죄를 지었다는 것입니다. 예수님과 함께 십자가에 달리기 전까지 많은 죄를 짓다가 종국에는 십자가형을 받게 된 강도가 아무것도 한 것 없이 구원을 받았습니다. 구원은 오직 믿음으로 받을 수 있다는 것을 보여 주는 사건입니다.

"너희가 그 은혜를 인하여 믿음으로 말미암아 구원을 얻었나니 이것이 너희에게서 난 것이 아니요 하나님의 선물이라" (엡2:8)

구원은 오직 믿음으로 하나님께 받는 하나님의 선물입니다.

죄로 말미암아 죽은 자에게
생명을 주셔서 살리는 것이 구원입니다

죄가 있는 모든 사람은 죽은 자입니다. 육체가 살아 있어도 죽은 자입니다. 영혼이 죽었기 때문입니다.

> "범죄하는 그 영혼은 죽을지라 아들은 아비의 죄악을 담당치 아니할 것이요 아비는 아들의 죄악을 담당치 아니하리니 의인의 의도 자기에게로 돌아가고 악인의 악도 자기에게로 돌아가리라"(겔18:20)
>
> "죄의 삯은 사망이요 하나님의 은사는 그리스도 예수 우리 주 안에 있는 영생이니라"(롬6:23)

죄의 삯은 사망입니다. 죄가 있는 사람은 반드시 죽게 되어 있습니다. 죄를 지은 사람이 사망에 이르게 된 원인이 죄이므로 만약 죄가 없다면 사망도 없을 것입니다. 그러나 모든 사람이 죄를 지었으므로 사망이 모든 사람에게 이르렀습니다. 병에 걸려 죽게 된 사람이 있는데 만약 병의 원인을 찾아서 치료를 할 수 있다면 그 사람은 죽지 않을 것입니다. 마찬가지로 죄를 지은 사람에게서 죄가 사라진다면 그 사람도 죽지 않을 것입니다. 그러나 사람에게는 죄를 없이 할 수 있는 방법이 없습니다. 오직 하나님만 사람의 죄를 사하실 수 있고 없이 할 수 있습니다.

— "나 곧 나는 나를 위하여 네 허물을 도말하는 자니 네 죄를 기억지 아니하리라"(사43:25)
"내가 네 허물을 빽빽한 구름의 사라짐같이, 네 죄를 안개의 사라짐같이 도말하였으니 너는 내게로 돌아오라 내가 너를 구속하였음이니라"(사44:22)

하나님께서 믿는 자의 죄와 허물을 빽빽한 구름의 사라짐같이, 안개의 사라짐같이 도말(塗抹)하시고 "네 죄를 기억하지 아니하리라"라고 말씀하셨습니다. 그런데 사람의 죄와 허물을 도말(塗抹)하시는 것이 사람을 위한 것이 아니라 하나님을 위한 것이라고 말씀하십니다. 죄를 지은 결과로 죽게 된 사람을 하나님이 살리시는데 이 일이 사람을 위한 것이 아니라 하나님을 위한 것이다? 상식적으로 이해가 잘 가지 않는 말씀입니다. 만약 병에 걸려 죽게 된 사람을 의사가 치료해서 살렸는데 이것이 병에 걸린 사람을 위한 것이 아니라 병을 고친 의사를 위한 것이라고 한다면 쉽게 이해가 되겠습니까? 의사는 환자로부터 치료비를 받으니 환자를 치료하는 것이 곧 "의사를 위한 일도 된다"라고 하면 또 어떤 면에서는 "그럴 수도 있겠다"라고 생각을 할 수도 있습니다. 그러나 하나님께서는 우리의 죄와 허물을 도말(塗抹)하시면서 그 어떤 것도 요구하지 않으십니다. 아무런 대가 없이 하나님의 은혜로 믿는 자들의 죄와 허물을 사하여 주십니다. 그래서 구원을 "믿음으로 얻는 선물"이라고 했습니다.

— "너희가 그 은혜를 인하여 믿음으로 말미암아 구원을 얻었나니
이것이 너희에게서 난 것이 아니요 하나님의 선물이라" (엡2:8)

구원이 하나님의 선물인 이유는 믿는 자에게 거저 주시기 때문입니다. 하나님이 사람의 죄를 사하여 주시고 구원도 선물로 주셨는데 이 모든 것이 사람을 위한 것이 아니라 하나님을 위한 것이라고 말씀하신 이유는 무엇일까요? 그것은 하나님이 하나님을 위하여 사람을 지으셨기 때문입니다. 하나님이 사람을 지으신 창조의 목적을 이루시기 위해서 사람의 죄와 허물을 도말(塗抹)하시는 것이므로 "나는 나를 위하여 네 허물을 도말하는 자"라고 말씀하신 것입니다. 하나님이 천지만물을 창조하시고 사람을 하나님의 형상을 따라 모양대로 지으신 목적은 예수 그리스도로 말미암아 자기의 아들들을 얻기 위함입니다.

— "3 찬송하리로다 하나님 곧 우리 주 예수 그리스도의 아버지께서 그리스도 안에서 하늘에 속한 모든 신령한 복으로 우리에게 복 주시되 4 곧 창세 전에 그리스도 안에서 우리를 택하사 우리로 사랑 안에서 그 앞에 거룩하고 흠이 없게 하시려고 5 그 기쁘신 뜻대로 우리를 예정하사 예수 그리스도로 말미암아 자기의 아들들이 되게 하셨으니 6 이는 그의 사랑하시는 자 안에서 우리에게 거저 주시는바 그의 은혜의 영광을 찬미하게 하려는 것이라" (엡1:3-6)

구원은 살리는 것입니다. 죽은 자를 살리려면 생명을 주면 됩니다. 사람은 죽은 자에게 생명을 줘서 살릴 수 없지만 하나님은 죄로 죽은 자에게 생명을 주셔서 살리실 수 있습니다. 하나님이 죄로 죽은 자를

살리시는 방법은 하나님의 생명을 주시는 것입니다. 구원받은 자들에게 하나님이 생명을 주셨으므로 그 생명을 받은 자들은 하나님의 아들이 됩니다.

> "3 무릇 그리스도 예수와 합하여 세례를 받은 우리는 그의 죽으심과 합하여 세례받은 줄을 알지 못하느뇨 4 그러므로 우리가 그의 죽으심과 합하여 세례를 받음으로 그와 함께 장사되었나니 이는 아버지의 영광으로 말미암아 그리스도를 죽은 자 가운데서 살리심과 같이 우리로 또한 새 생명 가운데서 행하게 하려 함이니라" (롬6:3-4)

사람이 하나님의 생명 곧 새 생명을 받을 수 있는 유일한 방법은 그리스도와 함께 죽었다고 믿는 것입니다. 오늘날 교회를 다니는 많은 기독교인들이 구원받지 못하는 이유는 예수님만 죽었다고 믿고 자기가 그리스도와 함께 죽었다는 믿음을 가지지 못하기 때문입니다.

> "6 우리가 알거니와 우리 옛 사람이 예수와 함께 십자가에 못박힌 것은 죄의 몸이 멸하여 다시는 우리가 죄에게 종노릇하지 아니하려 함이니 7 이는 죽은 자가 죄에서 벗어나 의롭다 하심을 얻었음이니라" (롬6:6-7)

우리 옛 사람이 예수와 함께 십자가에 못 박혀 죽었다고 했습니다. 그래야만 죄의 몸이 멸하여 우리가 죄에게 종노릇하지 않고 죄에서 벗어나 의롭다 하심을 얻을 수 있다고 말씀하고 있습니다. 구원은 살리는 것인데 왜 죽으라고 말씀하십니까? 죽은 자가 죄에서 벗어나 새 생명을 얻을 수 있기 때문입니다. 새 생명을 얻을 수 있는 유일한 방법이 그리스도와 함께 죽고 함께 사는 것입니다.

—— "만일 우리가 그리스도와 함께 죽었으면 또한 그와 함께 살 줄을 믿노니"(롬6:8)

그리스도와 함께 죽은 자만 함께 살 수 있습니다. 하나님이 우리를 살리시려고 그리스도와 함께 죽으라고 요구하십니다. 참 아이러니 (irony)한 상황이 아닐 수 없습니다. 너희가 살고 싶으냐? 그렇다면 죽으라고 말씀하십니다. 하나님이 주시는 새 생명은 그리스도와 함께 죽은 자만 얻을 수 있습니다. 이 믿음 안에 들어가지 못한 자들은 한 사람도 구원을 받을 수 없습니다.

—— "26 너희가 다 믿음으로 말미암아 그리스도 예수 안에서 하나님의 아들이 되었으니 27 누구든지 그리스도와 합하여 세례를 받은 자는 그리스도로 옷 입었느니라"(갈3:26-27)

믿음으로 그리스도 예수 안에서 하나님의 아들이 되었다고 했습니다. 또한 그리스도와 합하여 세례를 받은 자가 그리스도로 옷 입었다고 했습니다. 여기서 말씀하고 있는 세례는 로마서 6장 3-4절에 기록된 세례입니다.

—— "주도 하나이요 믿음도 하나이요 세례도 하나이요"(엡4:5)

믿음도 하나이요, 세례도 하나밖에 없다고 했습니다. 성경이 말씀하고 있는 단 하나의 세례는 그리스도와 함께 죽는 것입니다. 이 세례를 받는 것이 곧 새 생명을 얻을 수 있는 믿음입니다. 구원은 하나님이 죄 때문에 죽은 자를 살리는 것입니다. 죄로 말미암아 죽은 자에게 하나님이 새 생명을 주셔서 살리십니다. 그런데 아무나 새 생명을 받을 수 없고 반드시 그리스도와 함께 죽었다고 믿는 자들만 새 생명을 받을 수 있습니다. 그러므로 구원은 하나님이 주시는 새 생명을 받아 하나님의 아들이 되는 것입니다.

제2장

구원과 영생

하나님 아버지의 생명,
곧 영생을 주셔서 구원하십니다

죄로 죽은 자를 하나님이 살리시는 것이 구원입니다. 어떻게 죽은
자를 살리십니까? 바로 하나님 아버지의 생명인 영생을 주셔서 살리
십니다.

——   "죄의 삯은 사망이요 하나님의 은사는 그리스도 예수 우리 주
        안에 있는 영생이니라"(롬6:23)

죄의 결과로 사망에 이르게 된 자들에게 그리스도 예수 우리 주 안
에 있는 영생을 주셔서 구원하십니다. 많은 기독교인들이 영생(永生)
을 단어의 뜻 그대로 "죽지 않고 영원히 사는 것"이라고 알고 믿고 있
습니다. 그래서 이 땅에서 육체를 입고 사는 동안에는 육체가 죽기 때
문에 영생이 아니고 육체가 죽은 다음 천국에 가서야 비로소 영원히
살 수 있기 때문에 천국에서 영원히 사는 것이 영생이라고 합니다. 이
러한 믿음을 가진 사람들에게 구원은 믿을 때 받는 것이지만 영생은
구원받은 자들이 죽은 다음 얻는 것이므로 구원의 결과가 영생이라는
말이 됩니다. 그러나 성경은 그렇게 말씀하지 않았습니다. 영생을 얻

은 자들이 구원을 받는 것이라고 말씀하고 있습니다.

> "13 하늘에서 내려온 자 곧 인자 외에는 하늘에 올라간 자가 없느니라 14 모세가 광야에서 뱀을 든 것같이 인자도 들려야 하리니 15 이는 저를 믿는 자마다 영생을 얻게 하려 하심이니라"(요3:13-15)
> "내가 진실로 진실로 너희에게 이르노니 내 말을 듣고 또 나 보내신 이를 믿는 자는 영생을 얻었고 심판에 이르지 아니하나니 사망에서 생명으로 옮겼느니라"(요5:24)

예수님을 믿는 자마다 영생을 얻게 하시려고 예수님이 십자가에 달리실 것을 말씀하셨는데 예수님의 말씀을 듣고 예수님을 보내신 아버지를 믿는 자들은 믿을 때 영생을 얻었다고 예수님이 말씀하셨습니다. 앞에서 계속 언급했듯이 구원은 살리는 것입니다. 죽은 자를 어떻게 살리십니까? 하나님 아버지의 생명, 곧 영생을 죽은 자들에게 주셔서 살리십니다. 여기서 죽은 자는 육체는 살아 있으나 속에 아버지 하나님의 생명이 없는 자를 말합니다. 하나님이 보시기에 영생을 얻지 못한 자들은 다 죽은 자입니다. 다시 말하자면 영생을 얻지 못한 자들은 다 구원받지 못한 자들입니다. 왜냐하면 구원은 살리는 것이므로 생명이 없는 자들에게 하나님 아버지의 생명, 곧 영생을 주셔서 살리기 때문입니다. 그래서 구원은 목적이 되고 영생은 죽은 자를 살리시는 방법이 됩니다. 따라서 구원과 영생은 절대로 따로 받을 수가 없는 것입니다. 구원을 받았다면 영생을 얻은 것이고 영생을 얻었다면 구원을 받은 것입니다. 하나님 아버지의 생명을 받지 않았다면 구원을 받을 수 없고 구원을 받지 않았다면 영생을 얻을 수 없습니다. 마찬가지로 믿는 자가 먼저 구원을 받고 나중에 아버지가 생명을 따로 주시는 일은 있을 수 없습니다. 그러므로 믿을 때 영생을 얻는 것이 곧 구원을 받은 것입니다.

> "16 하나님이 세상을 이처럼 사랑하사 독생자를 주셨으니 이는 저를 믿는 자마다 멸망치 않고 영생을 얻게 하려 하심이니라 17 하나님이 그 아들을 세상에 보내신 것은 세상을 심판하려 하심이 아니요 저로 말미암아 세상이 구원을 받게 하려 하심이라"(요3:16-17)

구원을 받은 자들이 나중에 천국에 가서 영생을 얻는다고 잘못 믿고 있는 사람들은 한 사람도 구원받을 수 없습니다. 구원과 영생은 하나입니다.

⟨ 2 ⟩

여호와 하나님의 생명이 영생입니다

성경에 기록된 영생은 죽지 않고 영원히 사는 것을 말하는 것이 아닙니다. 만약 죽지 않고 영원히 사는 것이 영생이라면(천사도 죽지 않고 영원히 살기 때문에) 천사가 영생하는 존재라는 말씀이 한 번이라도 있어야 하는데 성경 어디에도 천사가 영생하는 존재라는 말씀이 없습니다. 오직 여호와 하나님만 영생하시는 분이라고 말씀하고 있습니다.

── "아브라함은 브엘세바에 에셀나무를 심고 거기서 영생하시는 하나님 여호와의 이름을 불렀으며"(창21:33)

아브라함이 영생하시는 하나님 여호와의 이름을 불렀다고 했습니다.

── "그 기한이 차매 나 느부갓네살이 하늘을 우러러보았더니 내 총명이 다시 내게로 돌아온지라 이에 내가 지극히 높으신 자에게 감사하며 영생하시는 자를 찬양하고 존경하였노니 그 권세는 영원한 권세요 그 나라는 대대에 이르리로다"(단4:34)

바벨론 왕 느브갓네살이 꾼 꿈을 다니엘이 해석하고 그 일이 그대로 느브갓네살에게 임하여 느브갓네살이 사람에게 쫓겨나서 소처럼 풀을 먹고 몸이 하늘 이슬에 젖고 머리털이 독수리 털과 같이 되었고 손톱이 새 발톱같이 되어 칠 년을 지냈는데 그 기한이 차서 하늘을 우러러보니 그 총명이 그에게로 다시 돌아와서 그가 지극히 높으신 하나님께 감사하며 영생하시는 여호와를 찬양했다고 했습니다.

─── "내가 들은즉 그 세마포 옷을 입고 강물 위에 있는 자가 그 좌우 손을 들어 하늘을 향하여 영생하시는 자를 가리켜 맹세하여 가로되 반드시 한 때 두 때 반 때를 지나서 성도의 권세가 다 깨어지기까지니 그렇게 되면 이 모든 일이 다 끝나리라 하더라"(단12:7)

다니엘이 본 천사가 하늘을 향하여 영생하시는 여호와 하나님을 가리켜 맹세했다고 했습니다. 여호와 하나님을 가리켜 '영생하시는 자'라고 기록한 것은 죽지 않고 영원히 사시는 분이라는 의미가 당연히 들어 있습니다. 그러나 그것만으로는 여호와 하나님의 생명에 대한 설명이 충분하지 않습니다. 여호와 하나님이 영생하시는 분이라는 것은 여호와 하나님의 생명이 끝이 없는 것은 물론이거니와 시작도 없는 생명이라는 뜻입니다. 다시 말하자면 시작도 끝도 없는 생명을 가진 분은 여호와 하나님이시므로 그분이 곧 창조주라는 뜻입니다.

─── "14 너는 기름 부음을 받은 덮는 그룹임이여 내가 너를 세우매 네가 하나님의 성산에 있어서 화광석 사이에 왕래하였었도다 15 네가 지음을 받던 날로부터 네 모든 길에 완전하더니 마침

내 불의가 드러났도다" (겔28:14-15)

    시작이 있다는 것은 "지음을 받았다"라는 뜻입니다. 천사는 영으로 지음을 받았기 때문에 죽지 않고 영원히 사는 존재입니다. 그러나 창조주(創造主)이신 여호와 하나님이 지으신 피조물(被造物)이므로 시작이 있습니다. 타락한 천사 마귀에게 "네가 지음을 받던 날로부터 네 모든 길에 완전하더니 마침내 불의가 드러났도다"라고 말씀하셨습니다. 영계(靈界)와 물질계(物質界)를 포함한 모든 세계를 창조하신 분이 여호와 하나님이십니다. 그리고 시작도 없고 끝도 없는 그분의 생명을 영생(永生)이라고 합니다.

《 3 》

예수 그리스도가 영생입니다

예수님은 하나님 아버지의 생명을 받아서 하나님의 아들이 되신 분
입니다. 그래서 하나님 아버지는 예수님을 아들이라고 말씀하시고 예
수님은 하나님을 아버지로 불렀습니다.

> "아버지께서 자기 속에 생명이 있음같이 아들에게도 생명을
> 주어 그 속에 있게 하셨고"(요5:26)
> "16 예수께서 세례를 받으시고 곧 물에서 올라오실새 하늘이
> 열리고 하나님의 성령이 비둘기같이 내려 자기 위에 임하심
> 을 보시더니 17 하늘로서 소리가 있어 말씀하시되 이는 내 사
> 랑하는 아들이요 내 기뻐하는 자라 하시니라"(마3:16-17)

아버지께서 아버지 속에 있는 생명을 아들에게 주셔서 아들 속에도
생명이 있게 하셨습니다. 생명을 주시는 분이 아버지입니다. 아버지
와 아들은 생명의 관계입니다. 아버지가 생명을 주시고 아들은 생명
을 받는 것입니다. 예수님이 아버지라고 부르는 하나님이 바로 구약
의 여호와 하나님입니다. 구약의 여호와 하나님이 따로 계시고 신약

의 아버지 하나님이 따로 계신 것이 아니라 여호와 하나님이 생명을
주셔서 아들을 낳으시니 아버지가 되신 것입니다.

> "하나님이 또 모세에게 이르시되 너는 이스라엘 자손에게 이
> 같이 이르기를 나를 너희에게 보내신 이는 너희 조상의 하나
> 님 곧 아브라함의 하나님, 이삭의 하나님, 야곱의 하나님 여호
> 와라 하라 이는 나의 영원한 이름이요 대대로 기억할 나의 표
> 호니라"(출3:15)

　　하나님의 이름이 여호와라고 말씀하시고 이 이름은 "영원한 이름이
요, 대대로 기억할 나의 표호(表號)"라고 말씀하셨는데 신약 성경에는
여호와라는 이름이 한 번도 나오지 않습니다. 구약 성경에는 7,029번
이나 여호와로 말씀하시고 일하신 하나님이 왜 신약에는 한 번도 여
호와로 말씀하지 않으셨을까요? 그 이유는 바로 여호와 하나님이 아
버지가 되시는 것이 창조의 목적이기 때문입니다. 여호와 하나님이
아버지가 되시는 창조의 목적을 이루시려면 아들을 얻으셔야 합니다.
사람도 아버지가 되려면 자식이 있어야 합니다. 자식이 없다면 아버
지가 될 수 없습니다. 여호와 하나님도 아들이신 예수님을 낳으셨으
므로 아버지가 되셨습니다.

> "3 찬송하리로다 하나님 곧 우리 주 예수 그리스도의 아버지
> 께서 그리스도 안에서 하늘에 속한 모든 신령한 복으로 우리
> 에게 복 주시되 4 곧 창세 전에 그리스도 안에서 우리를 택하
> 사 우리로 사랑 안에서 그 앞에 거룩하고 흠이 없게 하시려고
> 5 그 기쁘신 뜻대로 우리를 예정하사 예수 그리스도로 말미

암아 자기의 아들들이 되게 하셨으니 6 이는 그의 사랑하시
는 자 안에서 우리에게 거저 주시는바 그의 은혜의 영광을 찬
미하게 하려는 것이라"(엡1:3-6)

하나님 곧 우리 주 예수 그리스도의 아버지께서 창세 전에 세우신 계
획은 믿는 자들을 예수 그리스도로 말미암아 자기의 아들들이 되게 하
는 것입니다. 그래서 하나님은 예수님을 외아들이 아닌 맏아들로 낳으
셨습니다. 오늘날 예수님을 믿는다고 하는 많은 기독교인들이 예수님
은 하나님의 외아들이라고 신앙고백을 합니다. 그러면서 자기는 양아
들이라고 말합니다. 그렇다면 성경은 예수님에 대하여 어떻게 말씀하
고 있습니까? 예수님은 외아들이십니까? 아니면 맏아들이십니까?

———   "맏아들을 낳아 강보로 싸서 구유에 뉘었으니 이는 사관에 있
       을 곳이 없음이러라"(눅2:7)
       "하나님이 미리 아신 자들로 또한 그 아들의 형상을 본받게 하
       기 위하여 미리 정하셨으니 이는 그로 많은 형제 중에서 맏아
       들이 되게 하려 하심이니라"(롬8:29)
       "또 맏아들을 이끌어 세상에 다시 들어오게 하실 때에 하나님
       의 모든 천사가 저에게 경배할지어다 말씀하시며"(히1:6)

성경은 예수님이 외아들이 아니라 맏아들이시라고 분명하게 세 번
이나 말씀하고 있습니다. 왜 예수님은 맏아들이 되십니까? 그것은 바
로 예수님을 많은 형제 중에서 맏아들이 되게 하시려고 하나님이 계
획하셨기 때문입니다. 예수 그리스도로 말미암아 하나님 아버지의 생
명을 받은 많은 아들들이 나와야 하나님께서 천지를 창조하신 목적이

이루어집니다. 그래서 먼저 예수님이 아버지의 생명을 받아서 하나님의 아들이 되셨습니다. 그리고 믿는 자들에게도 예수님으로 말미암아 생명을 주셔서 하나님의 아들들이 되게 하십니다.

> "또 아는 것은 하나님의 아들이 이르러 우리에게 지각을 주사 우리로 참된 자를 알게 하신 것과 또한 우리가 참된 자 곧 그의 아들 예수 그리스도 안에 있는 것이니 그는 참 하나님이시요 영생이시라" (요일5:20)

창조주이신 여호와 하나님의 생명이 시작도 없고 끝도 없는 생명 곧 영생입니다. 예수님이 하나님 아버지께 받으신 생명이 영생입니다. 그래서 영생을 받아서 하나님의 아들이 되신 예수님은 참 하나님이시고 영생이십니다.

믿는 자들이 영생을 얻었다는 것은 영생이신 예수 그리스도를 얻었다는 것입니다

예수님이 보이신 표적 중에서 보리떡 다섯 개와 물고기 두 마리를 가지고 오천 명을 먹이신 사건은 먹을 것이 없어 주린 자들의 배를 채워 주시기 위한 것이 아니라 하늘로부터 내려오신 생명의 떡이 예수님이시라는 것을 알게 하기 위함입니다.

— "5 예수께서 눈을 들어 큰 무리가 자기에게로 오는 것을 보시고 빌립에게 이르시되 우리가 어디서 떡을 사서 이 사람들로 먹게 하겠느냐 하시니 6 이렇게 말씀하심은 친히 어떻게 하실 것을 아시고 빌립을 시험코자 하심이라 7 빌립이 대답하되 각 사람으로 조금씩 받게 할지라도 이백 데나리온의 떡이 부족하리이다 8 제자 중 하나 곧 시몬 베드로의 형제 안드레가 예수께 여짜오되 9 여기 한 아이가 있어 보리떡 다섯 개와 물고기 두 마리를 가졌나이다 그러나 그것이 이 많은 사람에게 얼마나 되겠삽나이까 10 예수께서 가라사대 이 사람들로 앉게 하라 하신대 그 곳에 잔디가 많은지라 사람들이 앉으니 수효가 오천쯤 되더라 11 예수께서 떡을 가져 축사하신 후에

앉은 자들에게 나눠 주시고 고기도 그렇게 저희의 원대로 주
시다 12 저희가 배부른 후에 예수께서 제자들에게 이르시되
남은 조각을 거두고 버리는 것이 없게 하라 하시므로 13 이에
거두니 보리떡 다섯 개로 먹고 남은 조각이 열두 바구니에 찼
더라"(요6:5-13)

"26 예수께서 대답하여 가라사대 내가 진실로 진실로 너희에
게 이르노니 너희가 나를 찾는 것은 표적을 본 까닭이 아니요
떡을 먹고 배부른 까닭이로다 27 썩는 양식을 위하여 일하지
말고 영생하도록 있는 양식을 위하여 하라 이 양식은 인자가
너희에게 주리니 인자는 아버지 하나님의 인치신 자니라"(요
6:26-27)

　예수님은 유대인들이 표적을 보고 나를 찾는 것이 아니라 먹고 배
가 불러서, 계속 배가 부르고 싶어서 썩어질 양식을 위하여 나를 찾는
것이라고 말씀하시면서 "영생하도록 있는 양식을 위하여 일을 하라"
라고 말씀하셨습니다. 여기서 예수님이 말씀하신 영생하도록 있는 양
식은 예수님 자신입니다.

───　"31 기록된바 하늘에서 저희에게 떡을 주어 먹게 하였다 함과
같이 우리 조상들은 광야에서 만나를 먹었나이다 32 예수께
서 이르시되 내가 진실로 진실로 너희에게 이르노니 하늘에
서 내린 떡은 모세가 준 것이 아니라 오직 내 아버지가 하늘
에서 내린 참 떡을 너희에게 주시나니 33 하나님의 떡은 하늘
에서 내려 세상에게 생명을 주는 것이니라 34 저희가 가로되
주여 이 떡을 항상 우리에게 주소서 35 예수께서 가라사대 내

가 곧 생명의 떡이니 내게 오는 자는 결코 주리지 아니할 터
이요 나를 믿는 자는 영원히 목마르지 아니하리라"(요6:31-35)

예수님께서 하나님의 떡은 하늘에서 내려 세상에게 생명을 주는 것
인데 내가 바로 하늘에서 내린 생명의 떡이라고 말씀하셨습니다. 그
래서 예수님은 내 살을 먹고 내 피를 마시는 자가 영생을 얻는다고 말
씀하셨습니다. 믿는 자들이 영생을 얻는 방법은 예수님의 살과 피를
먹고 마시는 것입니다.

"53 예수께서 이르시되 내가 진실로 진실로 너희에게 이르노
니 인자의 살을 먹지 아니하고 인자의 피를 마시지 아니하면
너희 속에 생명이 없느니라 54 내 살을 먹고 내 피를 마시는
자는 영생을 가졌고 마지막 날에 내가 그를 다시 살리리니 55
내 살은 참된 양식이요 내 피는 참된 음료로다 56 내 살을 먹
고 내 피를 마시는 자는 내 안에 거하고 나도 그 안에 거하나
니 57 살아 계신 아버지께서 나를 보내시매 내가 아버지로 인
하여 사는 것같이 나를 먹는 그 사람도 나로 인하여 살리라 58
이것은 하늘로서 내려온 떡이니 조상들이 먹고도 죽은 그것과
같지 아니하여 이 떡을 먹는 자는 영원히 살리라"(요6:53-58)

성찬식을 하는 기독교인들이 떡 한 조각과 포도주 한 잔을 먹고 마
시면서 이것이 예수님의 살과 피라고 하는데 물질에 속한 떡과 포도
주는 절대로 영생을 주는 예수님의 살과 피가 될 수 없습니다. 육체를
위한 양식은 육체를 위하여 입으로 들어가는 것처럼 영을 위한 양식
곧 생명의 떡이신 예수님은 사람 속으로 오신다는 것을 비유로 말씀

하신 것입니다. 그래서 예수님의 살과 피는 믿음으로 먹고 마시는 것입니다. 믿는 자들 속에는 하나님이 주신 증거가 있는데 그 증거는 바로 영생입니다.

> "10 하나님의 아들을 믿는 자는 자기 안에 증거가 있고 하나님을 믿지 아니하는 자는 하나님을 거짓말하는 자로 만드나니 이는 하나님께서 그 아들에 관하여 증거하신 증거를 믿지 아니하였음이라 11 또 증거는 이것이니 하나님이 우리에게 영생을 주신 것과 이 생명이 그의 아들 안에 있는 그것이니라 12 아들이 있는 자에게는 생명이 있고 하나님의 아들이 없는 자에게는 생명이 없느니라" (요일5:10-12)

하나님이 믿는 자들에게 영생을 주신 것이 구원받았다는 증거인데 이 생명이 하나님의 아들 안에 있으므로 아들이 있는 자에게는 생명이 있고 아들이 없는 자에게는 생명이 없다고 했습니다. 다시 말해서 예수 그리스도가 안에 있으면 생명이 있고 없으면 생명이 없는 것입니다. 그래서 예수 그리스도께서 자기 안에 계신 것을 스스로 알지 못하는 자들은 버리운 자라고 했습니다.

> "너희가 믿음에 있는가 너희 자신을 시험하고 너희 자신을 확증하라 예수 그리스도께서 너희 안에 계신 줄을 너희가 스스로 알지 못하느냐 그렇지 않으면 너희가 버리운 자니라" (고후13:5)
> "믿음으로 말미암아 그리스도께서 너희 마음에 계시게 하옵시고 너희가 사랑 가운데서 뿌리가 박히고 터가 굳어져서" (엡3:17)

믿음의 증거는 그리스도께서 믿는 자 안에 계시는 것입니다. 예수님의 살과 피를 믿음으로 먹고 마신 자 속에만 그리스도께서 들어오십니다. 오병이어의 표적은 믿는 자 속에 그리스도께서 생명으로 오신다는 것을 보이시려고 행하신 표적입니다.

> "14 그 사람들이 예수의 행하신 이 표적을 보고 말하되 이는 참으로 세상에 오실 그 선지자라 하더라 15 그러므로 예수께서 저희가 와서 자기를 억지로 잡아 임금 삼으려는 줄을 아시고 다시 혼자 산으로 떠나가시니라" (요6:14-15)

예수님이 행하신 오병이어의 표적을 본 사람들이 "이는 참으로 세상에 오실 그 선지자라"라고 하면서 예수님을 억지로 잡아 임금 삼으려고 했는데 예수님이 미리 아시고 혼자 산으로 떠나가셨습니다. 왜 표적을 본 유대인들이 예수님을 잡아 억지로 임금을 삼으려 했을까요? 유대인들에게는 구원자를 기다리는 메시야(그리스도) 대망(大望) 사상(思想)이 있었습니다. 유대인들이 바벨론 포로기와 그 이후 시대를 거치면서 주변 나라들로부터 핍박과 압제를 당하였고 이런 환경적인 영향들로 인해서 자연스럽게 메시야(그리스도) 대망 사상이 발전하게 되었습니다. 또한 선지자들의 예언을 통하여 유대인들은 그리스도가 다윗의 자손으로 베들레헴에서 나실 것을 믿고 있었습니다. 예수님 당시에 이스라엘은 로마의 지배를 받고 있는 상황에 처해 있었기 때문에 더더욱 그리스도의 출현을 기다리고 있었던 사람들이 많았습니다. 그런데 마침 이적(異蹟)을 행하시는 예수님의 능력을 본 유대인들이 로마로부터 이스라엘을 구원할 그리스도가 바로 예수님이시라고 믿고 예수님을 억지로 잡아 임금 삼으려고 했던 것입니다. 당시에 유대인들이 기다렸던 그리스도는 강력한 힘과 능력으로 이방 세력을 물리치고 현실에서 메시야 왕국을 이루는 왕을 기대하고 있었습니다. 그러나 예수님이 세우실 하나님의 나라가 사람 속에 이루어진다는 것을 그때는 아무도 알 수가 없었습니다.

─── "20 바리새인들이 하나님의 나라가 어느 때에 임하나이까 묻
거늘 예수께서 대답하여 가라사대 하나님의 나라는 볼 수 있
게 임하는 것이 아니요 21 또 여기 있다 저기 있다고도 못하
리니 하나님의 나라는 너희 안에 있느니라"(눅17:20-21)

바리새인들이 하나님의 나라가 어느 때에 임하냐고 예수님께 물었을 때에 예수님께서 대답하시되 하나님의 나라는 사람 속에 있다고 말씀하셨습니다. 이 말을 들었던 바리새인들이 과연 깨달아 알았을까요? 만약 그랬다면 예수님께서 바리새인들에게 "뱀들아 독사의 새끼들아 너희가 어떻게 지옥의 판결을 피하겠느냐"라고 (마23:29-34) 말씀하신 일은 없었을 것입니다.

─── "20 그때에 세베대의 아들의 어미가 그 아들들을 데리고 예수
께 와서 절하며 무엇을 구하니 21 예수께서 가라사대 무엇을
원하느뇨 가로되 이 나의 두 아들을 주의 나라에서 하나는 주
의 우편에, 하나는 주의 좌편에 앉게 명하소서 22 예수께서
대답하여 가라사대 너희 구하는 것을 너희가 알지 못하는도
다 나의 마시려는 잔을 너희가 마실 수 있느냐 저희가 말하되
할 수 있나이다 23 가라사대 너희가 과연 내 잔을 마시려니와
내 좌우편에 앉는 것은 나의 줄 것이 아니라 내 아버지께서

누구를 위하여 예비하셨든지 그들이 얻을 것이니라 24 열 제
자가 듣고 그 두 형제에 대하여 분히 여기거늘"(마20:20-24)

예수님의 제자 중에 세베대의 두 아들 야고보와 요한이 있었는데
그 어미가 아들들을 데리고 예수님께 와서 "나의 두 아들을 주의 나라
에서 하나는 주의 우편에, 하나는 주의 좌편에 앉게 명하소서"라고 했
는데 과연 야고보와 요한의 어미가 말한 주의 나라는 사람 속에 세워
지는 하나님의 나라를 말하는 것이겠습니까? 그리고 이 말을 들은 열
제자가 야고보와 요한에 대하여 분히 여긴 이유는 무엇이겠습니까?
예수님의 제자들조차도 하나님의 나라가 사람 속에 이루어진다는 말
씀을 아직 깨닫지 못하고 있었습니다. 그래서 예수님의 제자들도 유
대인들과 같이 현실 세계에서 예수님이 왕이 되어 다스리는 나라를
생각했기 때문에 야고보와 요한의 어머니가 예수님께 와서 높은 자리
에 자기 자식들을 앉히려고 청탁을 한 것이고 제자들이 두 형제에게
분이 난 것입니다. 지금도 여전히 이 표적을 보고 깨닫지 못하는 자들
은 유대인들이 예수님을 억지로 잡아 임금 삼으려는 것과 같이 두 번
째 오시는 그리스도를 왕으로 모시려고 예수님의 재림을 기다리고 있
습니다. 이미 예수님은 자기를 바라는 자들에게 두 번째 오셔서 그 속
에서 하나님의 나라를 이루셨습니다.

—— "이와 같이 그리스도도 많은 사람의 죄를 담당하시려고 단번
에 드리신 바 되셨고 구원에 이르게 하기 위하여 죄와 상관없
이 자기를 바라는 자들에게 두 번째 나타나시리라"(히9:28)

표적을 보고도 깨닫지 못하는 자들에게 성경은 의문(儀文)이 될 수밖

에 없습니다. 의문은 죽이는 것이요 영은 살리는 것입니다.

— "저가 또 우리로 새 언약의 일군 되기에 만족케 하셨으니 의문
으로 하지 아니하고 오직 영으로 함이니 의문은 죽이는 것이
요 영은 살리는 것임이니라"(고후3:6)

하나님의 말씀이 실제가 되지 못하고 의문으로만 보는 자들은 절대
로 생명을 얻을 수 없습니다. 예수님의 제자들도 예수님의 말씀을 직
접 들었을 때에는 깨닫지 못하다가 예수님이 죽은 자 가운데서 살아
나신 후에야 비로소 깨닫게 됩니다.

— "18 이에 유대인들이 대답하여 예수께 말하기를 네가 이런 일
을 행하니 무슨 표적을 우리에게 보이겠느뇨 19 예수께서 대
답하여 가라사대 너희가 이 성전을 헐라 내가 사흘 동안에 일
으키리라 20 유대인들이 가로되 이 성전은 사십륙 년 동안에
지었거늘 네가 삼 일 동안에 일으키겠느뇨 하더라 21 그러나
예수는 성전된 자기 육체를 가리켜 말씀하신 것이라 22 죽은
자 가운데서 살아나신 후에야 제자들이 이 말씀하신 것을 기
억하고 성경과 및 예수의 하신 말씀을 믿었더라"(요2:18-22)

예수님이 하신 모든 말씀을 제자들이 깨닫고 믿게 되는 때는 예수
님이 죽은 자 가운데서 살아나신 후 곧 제자들 속에 그리스도께서 들
어가신 후에야 성경과 하신 말씀을 믿게 됩니다. 표적을 본 사람들이
당장은 깨닫지 못할지라도 예수님께서 표적을 보이시고 이해하기 어
려운 말씀을 미리 하신 것은 일이 이루어 질 때에 예수님을 '그'로 믿

게 하기 위함입니다.

> "19 지금부터 일이 이루기 전에 미리 너희에게 이름은 일이 이
> 룰 때에 내가 그인 줄 너희로 믿게 하려 함이로라 20 내가 진
> 실로 진실로 너희에게 이르노니 나의 보낸 자를 영접하는 자
> 는 나를 영접하는 것이요 나를 영접하는 자는 나를 보내신 이
> 를 영접하는 것이니라"(요13:19-20)

예수님을 '그'로 믿는 것은 예수님 안에 하나님 아버지가 계신 것을
믿는 것입니다. 오늘날 기독교가 잘못된 교리에 의해 하나님을 세 분
으로 알고 믿게 되어서 하나님의 친아들들이 나오지 못하게 되어 버
렸습니다. 아버지 따로 아들 따로 성령 따로 계시는 세 하나님들을 믿
는 자들은 한 사람도 구원받을 수 없습니다. 예수님이 사람이 되어 이
땅에 육체를 입고 계실 때 하나님 아버지는 예수님 안에 계셨습니다.
그래서 예수님은 "나와 아버지는 하나"라고 말씀하셨고 또 "나를 본
자는 아버지를 보았다"라고 말씀하셨습니다.

> "28 내가 저희에게 영생을 주노니 영원히 멸망치 아니할 터이
> 요 또 저희를 내 손에서 빼앗을 자가 없느니라 29 저희를 주
> 신 내 아버지는 만유보다 크시매 아무도 아버지 손에서 빼
> 앗을 수 없느니라 30 나와 아버지는 하나이니라 하신대"(요
> 10:28-30)
> "6 예수께서 가라사대 내가 곧 길이요 진리요 생명이니 나로
> 말미암지 않고는 아버지께로 올 자가 없느니라 7 너희가 나
> 를 알았더면 내 아버지도 알았으리로다 이제부터는 너희가

그를 알았고 또 보았느니라 8 빌립이 가로되 주여 아버지를
우리에게 보여 주옵소서 그리하면 족하겠나이다 9 예수께서
가라사대 빌립아 내가 이렇게 오래 너희와 함께 있으되 네가
나를 알지 못하느냐 나를 본 자는 아버지를 보았거늘 어찌하
여 아버지를 보이라 하느냐 10 나는 아버지 안에 있고 아버
지는 내 안에 계신 것을 네가 믿지 아니하느냐 내가 너희에게
이르는 말이 스스로 하는 것이 아니라 아버지께서 내 안에 계
셔 그의 일을 하시는 것이라 11 내가 아버지 안에 있고 아버
지께서 내 안에 계심을 믿으라 그렇지 못하겠거든 행하는 그
일을 인하여 나를 믿으라"(요14:6-11)

　예수님을 보고 아버지를 믿지 못하는 자들은 구원받을 수 없다고
말씀하시면서 예수님의 행하신 일을 보고 아버지를 믿으라고 하십니
다. 예수님은 우리와 같은 사람인데 하나님만 하실 수 있는 표적을 보
이셨습니다. 이것은 예수님이 행하신 것이 아니라 예수님 안에 아버
지가 계셔서 아버지가 아버지의 일을 하신 것입니다.

───　"24 이러므로 내가 너희에게 말하기를 너희가 너희 죄 가운데
　　　서 죽으리라 하였노라 너희가 만일 내가 그인 줄 믿지 아니하
　　　면 너희 죄 가운데서 죽으리라 25 저희가 말하되 네가 누구
　　　냐 예수께서 가라사대 나는 처음부터 너희에게 말하여 온 자
　　　니라 26 내가 너희를 대하여 말하고 판단할 것이 많으나 나를
　　　보내신 이가 참되시매 내가 그에게 들은 그것을 세상에게 말
　　　하노라 하시되 27 저희는 아버지를 가리켜 말씀하신 줄을 깨
　　　닫지 못하더라"(요8:24-27)

예수님을 보고 아버지를 믿지 않는 자들 곧 예수님을 '그'로 믿지 않는 자들은 구원받을 수 없습니다.

제3장

구원과 죄 사함

1

믿지 않는 것이 죄입니다

예수님이 제자들에게 "내가 떠나가는 것이 너희에게 유익이라"라고
말씀하시고 "내가 떠나가야 보혜사가 너희에게로 오신다"라고 하셨
는데 그(보혜사)가 와서 죄에 대하여, 의에 대하여, 심판에 대하여 세상
을 책망하신다고 했습니다.

———　　"7 그러하나 내가 너희에게 실상을 말하노니 내가 떠나가는
　　　　것이 너희에게 유익이라 내가 떠나가지 아니하면 보혜사가
　　　　너희에게로 오시지 아니할 것이요 가면 내가 그를 너희에게
　　　　로 보내리니 8 그가 와서 죄에 대하여, 의에 대하여, 심판에
　　　　대하여 세상을 책망하시리라 9 죄에 대하여라 함은 저희가
　　　　나를 믿지 아니함이요 10 의에 대하여라 함은 내가 아버지께
　　　　로 가니 너희가 다시 나를 보지 못함이요 11 심판에 대하여라
　　　　함은 이 세상 임금이 심판을 받았음이니라" (요16:7-11)

여기에서 예수님이 말씀하신 죄는 저희가 나를 믿지 않는 것이라고
하셨습니다. 죄에 대하여 말씀하시면서 악을 행하고 불의를 행하는

것이라고 말씀하지 않고 "나를 믿지 않는 것이 죄"라고 말씀하셨습니다. 예수님이 하신 말씀의 의미를 잘 생각해 보면 모든 죄의 문제는 오직 믿음으로 해결된다는 뜻입니다. 그렇다면 예수님을 어떻게 믿어야 모든 죄의 문제가 해결될까요? 앞에서도 언급했지만 예수님을 하나님의 아들로만 믿지 말고 '그'로 믿어야 합니다. 예수님을 어떤 분으로 믿어야 '그'로 믿는 것일까요?

> "24 이러므로 내가 너희에게 말하기를 너희가 너희 죄 가운데서 죽으리라 하였노라 너희가 만일 내가 그인 줄 믿지 아니하면 너희 죄 가운데서 죽으리라 25 저희가 말하되 네가 누구냐 예수께서 가라사대 나는 처음부터 너희에게 말하여 온 자니라 26 내가 너희를 대하여 말하고 판단할 것이 많으나 나를 보내신 이가 참되시매 내가 그에게 들은 그것을 세상에게 말하노라 하시되 27 저희는 아버지를 가리켜 말씀하신 줄을 깨닫지 못하더라" (요8:24-27)

예수님을 아버지로 믿는 것이 예수님을 '그'로 믿는 것입니다. 여기서 한 가지 주의해야 할 점은 예수님을 아버지로 믿는다는 것은 예수님이 아버지라는 뜻이 아닙니다. 아들이신 예수님 안에 아버지가 계신 것을 믿는 것입니다.

> "7 너희가 나를 알았더면 내 아버지도 알았으리로다 이제부터는 너희가 그를 알았고 또 보았느니라 8 빌립이 가로되 주여 아버지를 우리에게 보여 주옵소서 그리하면 족하겠나이다 9 예수께서 가라사대 빌립아 내가 이렇게 오래 너희와 함께 있

으되 네가 나를 알지 못하느냐 나를 본 자는 아버지를 보았거
늘 어찌하여 아버지를 보이라 하느냐 10 나는 아버지 안에 있
고 아버지는 내 안에 계신 것을 네가 믿지 아니하느냐 내가
너희에게 이르는 말이 스스로 하는 것이 아니라 아버지께서
내 안에 계셔 그의 일을 하시는 것이라 11 내가 아버지 안에
있고 아버지께서 내 안에 계심을 믿으라 그렇지 못하겠거든
행하는 그 일을 인하여 나를 믿으라" (요14:7-11)

아들을 보고 아버지를 믿는 것입니다. 예수님과 아버지가 하나이신
것을 믿는 것입니다.

――― "내 아버지의 뜻은 아들을 보고 믿는 자마다 영생을 얻는 이것
이니 마지막 날에 내가 이를 다시 살리리라 하시니라" (요6:40)
"나와 아버지는 하나이니라 하신대" (요10:30)

아버지 하나님의 본체가 직접 오셔서 육신을 입고 사람이 되신 분
이 예수님이라고 믿는 것입니다.

――― "5 너희 안에 이 마음을 품으라 곧 그리스도 예수의 마음이니
6 그는 근본 하나님의 본체시나 하나님과 동등됨을 취할 것
으로 여기지 아니하시고 7 오히려 자기를 비어 종의 형체를
가져 사람들과 같이 되었고 8 사람의 모양으로 나타나셨으매
자기를 낮추시고 죽기까지 복종하셨으니 곧 십자가에 죽으심
이라" (빌2:5-8)

예수님은 영원부터 계신 아들이 오신 분이 아닙니다. 하나님 아버지가 생명을 주셔서 낳은 아들입니다. 아버지와 아들의 관계는 생명의 관계입니다. 아버지가 생명을 주시고 아들은 그 생명을 받는 것입니다. 그래서 예수님도 아버지가 주신 생명을 받아서 아들이 되셨습니다.

—　　"아버지께서 자기 속에 생명이 있음같이 아들에게도 생명을 주어 그 속에 있게 하셨고"(요5:26)
　　　"예수 그리스도의 나심은 이러하니라 그 모친 마리아가 요셉과 정혼하고 동거하기 전에 성령으로 잉태된 것이 나타났더니"
　　　(마1:18)

　예수님은 성령으로 잉태되신 분입니다. 성령은 아버지 하나님의 생명의 활동입니다. 그래서 성령으로 잉태되신 예수님은 성령의 아들이 아니고 하나님의 아들입니다.

—　　"시몬 베드로가 대답하여 가로되 주는 그리스도시요 살아 계신 하나님의 아들이시니이다"(마16:16)
　　　"하나님의 아들 예수 그리스도 복음의 시작이라"(막1:1)

　예수님은 분명히 하나님의 아들입니다. 그러나 예수님을 아버지와 따로 계시는 아들로 믿는다면 구원을 받을 수 없습니다. 왜냐하면 성경대로 예수님을 '그'로 믿지 않기 때문입니다. 예수님을 '그'로 믿지 않는 자들은 자기 죄 때문에 죽습니다. 예수님의 대속(代贖)의 효력이 믿지 않는 자들에게는 적용되지 않기 때문입니다.

— "이 일을 누가 행하였느냐 누가 이루었느냐 누가 태초부터 만 대를 명정하였느냐 나 여호와라 태초에도 나요 나중 있을 자 에게도 내가 곧 그니라" (사41:4)

여호와 하나님이 태초부터 일하시고 이루시는 분이신데 이 일을 나 중에 이룰 자가 있다고 말씀하시고 "내가 곧 그"라고 하셨습니다. 여 호와 하나님이 말씀하신 나중 있을 자는 "여호와로 말미암아 여호와 가 아닌 여호와" 바로 예수 그리스도입니다. 여호와께서 삼인칭 단수 대명사인 '그'를 말씀하시면 나중에 오실 분 예수 그리스도를 말씀하 는 것입니다.

— "이는 한 아기가 우리에게 났고 한 아들을 우리에게 주신 바 되었는데 그 어깨에는 정사를 메었고 그 이름은 기묘자라, 모 사라, 전능하신 하나님이라, 영존하시는 아버지라, 평강의 왕 이라 할 것임이라" (사9:6)

이사야 선지자를 통해서 미리 말씀하시기를 한 아기가 났고 한 아 들을 주셨는데 그가 바로 전능한 하나님이시며 영존하시는 아버지라 고 했습니다. 잘못된 아타나시우스의 존재론적 삼위일체 삼신론 교리 (부록 참조)에 의해서 거의 모든 기독교인들이 '그'로서 일하시는 하나 님을 모르로 성경에 없는 하나님을 믿고 있습니다.

아타나시우스의 삼위일체 신조 44 (부록 참조)

---

7. 성부와 성자와 성령은 그 자체로 존재한다.

9. 성부와 성자와 성령은 우리의 이해를 초월한 분이시다.

19. 우리는 이 각각의 세 분이 그 스스로 하나님이시요, 주님이시라는 사실을 기독교의 진리로 받는 바이다.

아타나시우스의 존재론적 삼위일체 신조에서는 아들이 자체로 존재하고 스스로 계시는 하나님이라고 했습니다. 어떻게 아들이 아버지 없이 스스로 날 수 있으며 자체로 존재할 수 있습니까? 조금이라도 상식을 가진 사람이라면 이것은 궤변(詭辯)이며 모순(矛盾)이라는 것을 금방 알 수 있습니다. 이사야 선지자는 분명히 "아기가 났다"라고 했는데 아기가 어디서 어떻게 났다는 말입니까? 바로 아버지가 아들 예수 그리스도를 낳았다는 말씀입니다. 아버지 없이 스스로 존재할 수 있는 아들은 없습니다. 이것은 예수님도 마찬가지입니다.

———
"또한 이와 같이 그리스도께서 대제사장 되심도 스스로 영광을 취하심이 아니요 오직 말씀하신 이가 저더러 이르시되 너는 내 아들이니 내가 오늘날 너를 낳았다 하셨고"(히5:5)

"너희는 하나님께로부터 나서 그리스도 예수 안에 있고 예수는 하나님께로서 나와서 우리에게 지혜와 의로움과 거룩함과 구속함이 되셨으니"(고전1:30)

아버지가 아들을 낳았다고 하셨고 예수는 하나님께로 나왔다고 말씀하고 있습니다. 예수님은 영원 전부터 계신 아들이 오신 것이 아닙니다. 육체를 입고 사람이 되기 전에 예수님은 아버지 속에 생명과 씨와 지혜와 말씀으로 계셨습니다. 예수님이 아버지 속에 생명으로 계실 때는 아들이 아닙니다. 말씀이 육신이 되셨을 때 비로소 아들이 되신 것입니다. 이사야가 아들이 전능하신 하나님이요, 영존하시는 아버지라고 한 것은 여호와 하나님이 직접 오셔서 육신을 입고 사람이 되신 분이 바로 예수 그리스도이기 때문입니다.

> "10 나 여호와가 말하노라 너희는 나의 증인, 나의 종으로 택함을 입었나니 이는 너희로 나를 알고 믿으며 내가 그인 줄 깨닫게 하려 함이라 나의 전에 지음을 받은 신이 없었느니라 나의 후에도 없으리라 11 나 곧 나는 여호와라 나 외에 구원자가 없느니라 12 내가 고하였으며 구원하였으며 보였고 너희 중에 다른 신이 없었나니 그러므로 너희는 나의 증인이요 나는 하나님이니라 여호와의 말이니라 13 과연 태초로부터 나는 그니 내 손에서 능히 건질 자가 없도다 내가 행하리니 누가 막으리요" (사43:10-13)

아타나시우스의 존재론적 삼위일체 신조에서는 성부와 성자와 성령은 우리의 이해를 초월한 분이므로 이해할 수 없으니 그냥 믿으라고 합니다. 그래서 삼위일체 하나님은 사람이 이해할 수 없으므로 그냥 믿어야 하는 존재가 되어 버렸습니다. 성경 어디에도 하나님을 그냥 믿으라고 말씀하신 곳이 없습니다. 오히려 하나님을 깨달아 알게 하시려고 증인과 종을 택하셨다고 했습니다. 하나님을 깨달아 아는 것은 여호와 하나님이 '그'로서 일하시는 분이라는 것을 깨닫는 것입니다.

> "12 야곱아 나의 부른 이스라엘아 나를 들으라 나는 그니 나는 처음이요 또 마지막이라 13 과연 내 손이 땅의 기초를 정하였고 내 오른손이 하늘에 폈나니 내가 부르면 천지가 일제히 서

느니라 14 너희는 다 모여 들으라 나 여호와의 사랑하는 자가 나의 뜻을 바벨론에 행하리니 그의 팔이 갈대아인에게 임할 것이라 그들 중에 누가 이 일을 예언하였느뇨 15 나 곧 내가 말하였고 또 내가 그를 부르며 그를 인도하였나니 그 길이 형통하리라 16 너희는 내게 가까이 나아와 이 말을 들으라 내가 처음부터 그것을 비밀히 말하지 아니하였나니 그 말이 있을 때부터 내가 거기 있었노라 하셨느니라 이제는 주 여호와께서 나와 그 신을 보내셨느니라"(사48:12-16)

이사야 48장 12-16절 말씀을 보면 '그'로 일하시는 하나님을 잘 알 수 있습니다. 여호와 하나님은 처음이요, 마지막이시며 땅의 기초를 정하시고 하늘을 펴신 분이신데 '나는 그'라고 말씀하시면서 또 내가 '그'를 보냈다고 하십니다. 여기서 말씀하시는 '나'는 여호와 하나님이시고 보내심을 받은 '그'는 예수 그리스도이십니다. 그런데 여호와 하나님이 원래부터 존재했던 아들을 보낸 것이 아니라 여호와 하나님이 직접 오셔서 육신을 입고 사람이 되셨습니다. 이 사람이신 예수님이 하나님의 아들입니다. 그래서 예수님 안에 아버지가 계십니다. 예수님과 아버지는 함께 계시고 하나입니다. 이렇게 성경대로 예수님을 '그'로 믿지 않는 것이 죄입니다.

《 2 》

죄 사함을 받고 구원을 얻는 것일까요?
아니면 구원을 받아야
죄 사함을 얻는 것일까요?

죄 사함을 먼저 받아야 구원을 얻는 것일까요? 아니면 구원을 받아
야 죄 사함을 얻는 것일까요? 구원과 죄 사함은 따로 있는 것이 아닙
니다. 구원을 받았으면 죄 사함을 얻은 것이고 죄 사함을 받았으면 구
원을 얻은 것입니다.

—— "우리가 그리스도 안에서 그의 은혜의 풍성함을 따라 그의 피
로 말미암아 구속 곧 죄 사함을 받았으니"(엡1:7)
"13 그가 우리를 흑암의 권세에서 건져내사 그의 사랑의 아들
의 나라로 옮기셨으니 14 그 아들 안에서 우리가 구속 곧 죄
사함을 얻었도다"(골1:13-14)

구속(救贖)이 곧 죄 사함입니다. 구속(救贖)을 받은 자는 죄 사함을 받
은 것입니다. 무엇이 구속(救贖)입니까? 예수님이 내 죄를 담당하시고
십자가에 달려 죽었다고 믿으면 구속(救贖) 곧 죄 사함을 받는 것입니
까? 이렇게 믿으면 구속(救贖) 곧 죄 사함을 받을 수 없습니다. 구속(救
贖)은 그리스도 안에서 받는 것입니다. 곧 그리스도가 믿는 자 안에 들

어오셔야 구속(救贖)입니다. 구속(救贖)은 존재가 바뀌는 것입니다.

― "45 기록된바 첫 사람 아담은 산 영이 되었다 함과 같이 마지 막 아담은 살려 주는 영이 되었나니 46 그러나 먼저는 신령한 자가 아니요 육 있는 자요 그 다음에 신령한 자니라 47 첫 사 람은 땅에서 났으니 흙에 속한 자이거니와 둘째 사람은 하늘 에서 나셨느니라 48 무릇 흙에 속한 자는 저 흙에 속한 자들 과 같고 무릇 하늘에 속한 자는 저 하늘에 속한 자들과 같으 니 49 우리가 흙에 속한 자의 형상을 입은 것같이 또한 하늘 에 속한 자의 형상을 입으리라"(고전15:45-49)

"1 만일 땅에 있는 우리의 장막 집이 무너지면 하나님께서 지 으신 집 곧 손으로 지은 것이 아니요 하늘에 있는 영원한 집이 우리에게 있는 줄 아나니 2 과연 우리가 여기 있어 탄식하며 하늘로부터 오는 우리 처소로 덧입기를 간절히 사모하노니 3 이렇게 입음은 벗은 자들로 발견되지 않으려 함이라 4 이 장막 에 있는 우리가 짐 진 것같이 탄식하는 것은 벗고자 함이 아니 요 오직 덧입고자 함이니 죽을 것이 생명에게 삼킨 바 되게 하 려 함이라 5 곧 이것을 우리에게 이루게 하시고 보증으로 성령 을 우리에게 주신 이는 하나님이시니라"(고후5:1-5)

첫 사람 아담이 둘째 사람 예수 그리스도로 존재가 바뀌는 것이 구 속입니다. 우리가 흙에 속한 자의 형상을 입은 것 같이 하늘에 속한 자의 형상을 입는다고 했습니다. 언제 하늘에 속한 자의 형상을 입어 야 합니까? 죽은 다음에 천국에 가서 입어야 합니까? 성경은 그렇게 말씀하고 있지 않습니다. 우리가 여기 있어 하늘로부터 오는 처소로 덧입는다고 말씀하고 있습니다.

> "1 그러므로 너희가 그리스도와 함께 다시 살리심을 받았으면 위엣 것을 찾으라 거기는 그리스도께서 하나님 우편에 앉아 계시느니라 2 위엣 것을 생각하고 땅엣 것을 생각지 말라 3 이는 너희가 죽었고 너희 생명이 그리스도와 함께 하나님 안에 감추었음이니라 4 우리 생명이신 그리스도께서 나타나실 그때에 너희도 그와 함께 영광 중에 나타나리라"(골3:1-4)

그리스도와 함께 다시 살리심을 받은 자들에게 위의 것을 생각하고 땅의 것을 생각지 말라고 했습니다. 땅에 살지만 땅의 것을 생각하지 말고 위의 것을 생각하라는 것입니다. 그리스도가 그리스도와 함께 살리심을 받은 자들의 생명이 되셨습니다. 존재가 바뀌려면 생명이 바뀌어야 합니다. 이 사람들은 생명이 바뀌었으므로 존재가 바뀐 것입니다. 믿는 자가 새 생명을 얻는 유일한 방법은 예수님이 십자가에 달리실 때 나도 예수님과 함께 죽었다고 믿는 것입니다.

> "3 무릇 그리스도 예수와 합하여 세례를 받은 우리는 그의 죽으심과 합하여 세례받은 줄을 알지 못하느뇨 4 그러므로 우리가 그의 죽으심과 합하여 세례를 받음으로 그와 함께 장사되었나니 이는 아버지의 영광으로 말미암아 그리스도를 죽은 자 가운데서 살리심과 같이 우리로 또한 새 생명 가운데서 행하게 하려 함이니라"(롬6:3-4)

옛 생명을 그대로 가지고 있으면서 새 생명을 얻을 수 있는 길은 없습니다. 실제로 십자가에서 피를 흘리신 분은 예수님이신데 그분에게는 죄가 없습니다. 자기 죄 때문에 십자가를 지신 것이 아니라 세상 죄를 위하여 십자가를 지셨습니다. 이것이 대속(代贖)의 은혜입니다. 그래서 믿는 자들에게 너희는 믿음으로 그리스도와 함께 죽으라고 요구하십니다. 그래야 옛사람이 죽고 새 생명을 얻을 수 있기 때문입니다. 새 생명을 얻은 자들은 죄에서 벗어나 의롭다 하심을 얻은 자들입니다. 이것이 바로 죄 사함을 얻은 것이요, 구원을 받은 것입니다.

— "6 우리가 알거니와 우리 옛 사람이 예수와 함께 십자가에 못 박힌 것은 죄의 몸이 멸하여 다시는 우리가 죄에게 종노릇하지 아니하려 함이니 7 이는 죽은 자가 죄에서 벗어나 의롭다 하심을 얻었음이니라"(롬6:6-7)

죽은 자가 죄에서 벗어나 의롭다 하심을 얻었다는 것은 의롭지 않은 자를 의롭다고 해 주는 것이 아닙니다. 의가 없는 사람 속에 하나님의 의이신 그리스도를 주셔서 믿음으로 의롭다 함을 얻게 하시는 것입니다. 만약 하나님이 의가 없는 사람에게 말로만 의롭다 하시는 분이라면 하나님은 거짓말하시는 분이 됩니다. 하나님은 결코 거짓을 말하는 분이 아닙니다. 참되신 하나님이 우리를 의롭게 하시려고 하나님의 의(義)이신 그리스도를 믿는 자의 생명으로 주셨습니다. 그래서 그리스도와 함께 죽은 자가 또한 그리스도와 함께 사는 것입니다. 그리스도와 함께 살려면 반드시 그리스도와 함께 죽어야 합니다. 그리스도와 함께 죽은 자만 죄 사함을 받고 그리스도와 함께 산 자만 생명을 얻으므로 구원을 받을 수 있습니다.

"8 만일 우리가 그리스도와 함께 죽었으면 또한 그와 함께 살
줄을 믿노니 9 이는 그리스도께서 죽은 자 가운데서 사셨으
매 다시 죽지 아니하시고 사망이 다시 그를 주장하지 못할 줄
을 앎이로라 10 그의 죽으심은 죄에 대하여 단번에 죽으심이
요 그의 살으심은 하나님께 대하여 살으심이니 11 이와 같이
너희도 너희 자신을 죄에 대하여는 죽은 자요 그리스도 예수
안에서 하나님을 대하여는 산 자로 여길지어다" (롬6:8-11)

그리스도께서 죄에 대하여 죽었으므로 그리스도와 함께 죽은 자는
죄에 대하여 죽은 자가 되고 그리스도께서 하나님에 대하여 사셨으
므로 그리스도와 함께 산 자는 하나님에 대하여 산 자가 됩니다. 믿는
자 안에 생명으로 오신 그리스도는 하나님의 의(義)입니다. 하나님의
의(義)이신 그리스도를 얻은 자들이 의롭다 하심을 얻은 자입니다.

"9 만일 너희 속에 하나님의 영이 거하시면 너희가 육신에 있
지 아니하고 영에 있나니 누구든지 그리스도의 영이 없으면
그리스도의 사람이 아니라 10 또 그리스도께서 너희 안에 계
시면 몸은 죄로 인하여 죽은 것이나 영은 의를 인하여 산 것
이니라" (롬8:9-10)

그리스도가 영에 들어오시기 때문에 영은 의를 인하여 살았지만 몸
은 죄로 인하여 죽은 것이라고 했습니다. 믿는 자의 몸에 죄가 있어도
하나님이 그 죄를 간과하시고 오히려 믿는 자 안에서 믿는 자의 생명
이 되신 그리스도를 보고 의롭다 하시는 것입니다.

"25 이 예수를 하나님이 그의 피로 인하여 믿음으로 말미암는 화목제물로 세우셨으니 이는 하나님께서 길이 참으시는 중에 전에 지은 죄를 간과하심으로 자기의 의로우심을 나타내려 하심이니 26 곧 이때에 자기의 의로우심을 나타내사 자기도 의로우시며 또한 예수 믿는 자를 의롭다 하려 하심이니라"(롬 3:25-26)

사람에게는 의가 없습니다. 의인이 하나도 없습니다. 모든 사람은 죄 중에 잉태하고 죄악 중에 출생하기 때문에 태어날 때부터 죄인입니다.

"10 기록한바 의인은 없나니 하나도 없으며 11 깨닫는 자도 없고 하나님을 찾는 자도 없고 12 다 치우쳐 한가지로 무익하게 되고 선을 행하는 자는 없나니 하나도 없도다"(롬3:10-12)
"내가 죄악 중에 출생하였음이여 모친이 죄 중에 나를 잉태하였나이다"(시51:5)

죄인은 죄 때문에 죽을 수밖에 없습니다. 죄의 삯은 사망이기 때문입니다. 죄 때문에 죽을 수밖에 없는 죄인을 구원하고 생명을 주기 위해 예수님이 오셔서 십자가에 달려 죽으신 것입니다. 예수님이 오신 목적은 죄 사함이 아니라 생명을 주는 것입니다.

"죄의 삯은 사망이요 하나님의 은사는 그리스도 예수 우리 주 안에 있는 영생이니라"(롬6:23)
"9 내가 문이니 누구든지 나로 말미암아 들어가면 구원을 얻고

또는 들어가며 나오며 꼴을 얻으리라 10 도적이 오는 것은 도
적질하고 죽이고 멸망시키려는 것뿐이요 내가 온 것은 양으로
생명을 얻게 하고 더 풍성히 얻게 하려는 것이라"(요10:9-10)

죄 사함이 없다는 뜻이 아닙니다. 죄 사함만으로는 구원을 받을 수
없고 반드시 생명을 받아야 구원입니다. 구원과 죄 사함이 따로 있는
것이 아니기 때문에 정말 구원을 받았다면 죄 사함을 받은 것입니다.
하나님의 의(義)이신 그리스도가 생명으로 믿는 자 안에 들어오시면
이 사람이 구원을 받은 것이요, 죄 사함을 받은 것입니다. 예수님의 보
혈(寶血)로 죄 사함을 받았다고 말은 하는데 그리스도께서 자기 안에
계시지 않는다면 이 사람은 구원받지 못한 것이요, 죄 사함도 없는 것
입니다.

———   "21 이제는 율법 외에 하나님의 한 의가 나타났으니 율법과 선
지자들에게 증거를 받은 것이라 22 곧 예수 그리스도를 믿음
으로 말미암아 모든 믿는 자에게 미치는 하나님의 의니 차별
이 없느니라 23 모든 사람이 죄를 범하였으매 하나님의 영광
에 이르지 못하더니 24 그리스도 예수 안에 있는 구속으로 말
미암아 하나님의 은혜로 값없이 의롭다 하심을 얻은 자 되었
느니라"(롬3:21-24)

모든 믿는 자에게 미치는 하나님의 의(義)가 그리스도입니다. 하나
님의 의(義)이신 그리스도가 믿는 자 안에 계시는 것이 구속(救贖)이요,
죄 사함이요, 은혜로 값없이 의롭다 하심을 얻은 것입니다.

3

오직 믿음으로 구원을 받고
믿음은 그리스도께서
마음에 계시는 것입니다

우리가 예수 그리스도의 대속(代贖)의 은혜로 말미암아 믿음으로 구원을 얻었습니다. 그래서 구원은 하나님의 선물입니다.

"1 너희의 허물과 죄로 죽었던 너희를 살리셨도다 2 그때에 너희가 그 가운데서 행하여 이 세상 풍속을 좇고 공중의 권세 잡은 자를 따랐으니 곧 지금 불순종의 아들들 가운데서 역사하는 영이라 3 전에는 우리도 다 그 가운데서 우리 육체의 욕심을 따라 지내며 육체와 마음의 원하는 것을 하여 다른 이들과 같이 본질상 진노의 자녀이었더니 4 긍휼에 풍성하신 하나님이 우리를 사랑하신 그 큰 사랑을 인하여 5 허물로 죽은 우리를 그리스도와 함께 살리셨고 (너희가 은혜로 구원을 얻은 것이라) 6 또 함께 일으키사 그리스도 예수 안에서 함께 하늘에 앉히시니 7 이는 그리스도 예수 안에서 우리에게 자비하심으로써 그 은혜의 지극히 풍성함을 오는 여러 세대에 나타내려 하심이니라 8 너희가 그 은혜를 인하여 믿음으로 말미암아 구원을 얻었나니 이것이 너희에게서 난 것이 아니요 하나님의

선물이라"(엡2:1-8)

우리를 그리스도와 함께 살리신 것이 곧 우리가 은혜로 구원을 얻은 것입니다. 믿음으로 그리스도와 함께 죽고 함께 산 자가 구원을 받습니다. 믿는 자가 그리스도와 함께 살았다는 것은 그리스도가 믿는 자의 생명이 되셨다는 것입니다. 그래서 구원받은 자 속에는 반드시 그리스도께서 계셔야 합니다.

———　"믿음으로 말미암아 그리스도께서 너희 마음에 계시게 하옵시
　　　고 너희가 사랑 가운데서 뿌리가 박히고 터가 굳어져서"(엡3:17)
　　　"너희가 믿음에 있는가 너희 자신을 시험하고 너희 자신을 확
　　　증하라 예수 그리스도께서 너희 안에 계신 줄을 너희가 스스로
　　　알지 못하느냐 그렇지 않으면 너희가 버리운 자니라"(고후13:5)

그리스도가 사람 안에 계시는 것이 믿음입니다. 예수 그리스도께서 자기 안에 계신 것을 스스로 알지 못하는 자들은 버리운 자라고 했습니다. 그래서 믿음의 확실한 증거는 그리스도께서 자기 안에 계신 것을 스스로 아는 것입니다. 그리스도께서 안에 계시지 않으면 믿음의 증거가 없으므로 성경대로 믿지 않은 것이요, 구원도 받지 못한 것입니다. 하나님을 믿는 자는 그 증거가 자기 안에 있다고 했습니다.

———　"10 하나님의 아들을 믿는 자는 자기 안에 증거가 있고 하나님
　　　을 믿지 아니하는 자는 하나님을 거짓말하는 자로 만드나니
　　　이는 하나님께서 그 아들에 관하여 증거하신 증거를 믿지 아
　　　니하였음이라 11 또 증거는 이것이니 하나님이 우리에게 영

생을 주신 것과 이 생명이 그의 아들 안에 있는 그것이니라 12 아들이 있는 자에게는 생명이 있고 하나님의 아들이 없는 자에게는 생명이 없느니라" (요일5:10-12)

하나님의 아들을 믿는 자는 자기 안에 증거가 있고 하나님을 믿는다고 하면서 증거가 없는 자는 하나님을 거짓말하는 자로 만드는 것이라고 했습니다. 믿는 자 안에 하나님이 주신 증거는 영생입니다. 그런데 이 영생이 아들 안에 있으므로 하나님의 아들이 있는 자에게는 생명이 있고 없는 자에게는 생명이 없는 것입니다. 곧 하나님의 아들이신 예수 그리스도가 안에 있으면 생명이 있는 것이요, 안에 없으면 생명이 없는 것입니다. 영생이 곧 예수 그리스도입니다.

— "또 아는 것은 하나님의 아들이 이르러 우리에게 지각을 주사 우리로 참된 자를 알게 하신 것과 또한 우리가 참된 자 곧 그의 아들 예수 그리스도 안에 있는 것이니 그는 참 하나님이시요 영생이시라" (요일5:20)

하나님이 믿는 자에게 주신 증거가 영생인데 이 영생이 바로 예수 그리스도이시므로 예수 그리스도가 안에 계시면 생명이 있는 자요, 계시지 않으면 생명이 없는 자입니다. 생명이 없는 자는 구원받지 못한 자입니다. 새 언약의 구원은 믿는 자가 하나님 아버지의 생명을 받아서 하나님의 아들이 되는 것입니다.

— "26 너희가 다 믿음으로 말미암아 그리스도 예수 안에서 하나님의 아들이 되었으니 27 누구든지 그리스도와 합하여 세례

를 받은 자는 그리스도로 옷 입었느니라"(갈3:26-27)

믿음으로 말미암아 그리스도 예수 안에서 하나님의 아들이 되었다
고 했습니다. 하나님의 아들이 되었다는 것은 하나님 아버지의 생명
을 받았다는 것입니다. 계속해서 강조하고 또 강조하는 것이 아버지
와 아들의 관계는 생명의 관계라는 것입니다. 아버지께서 생명을 주
시고 아들은 그 생명을 받아야 아들이 될 수 있습니다. 하나님이 천지
를 창조하신 목적은 예수 그리스도로 말미암아 자기의 아들들을 얻는
것입니다.

———

"3 찬송하리로다 하나님 곧 우리 주 예수 그리스도의 아버지
께서 그리스도 안에서 하늘에 속한 모든 신령한 복으로 우리
에게 복 주시되 4 곧 창세 전에 그리스도 안에서 우리를 택하
사 우리로 사랑 안에서 그 앞에 거룩하고 흠이 없게 하시려고
5 그 기쁘신 뜻대로 우리를 예정하사 예수 그리스도로 말미
암아 자기의 아들들이 되게 하셨으니 6 이는 그의 사랑하시
는 자 안에서 우리에게 거저 주시는바 그의 은혜의 영광을 찬
미하게 하려는 것이라"(엡1:3-6)

하나님 아버지께서 "예수 그리스도로 말미암아 자기의 아들들이 되
게 하신다"라고 했는데 어떻게 아들들이 되게 하십니까? 가장 먼저
하나님 아버지의 생명을 받아서 하나님의 아들이 되신 분이 바로 예
수 그리스도입니다. 이 예수님이 십자가에 달려 죽은 이유는 온 세상
의 죄를 위한 것이면서 또한 믿는 자 안에 들어오시기 위함입니다. 이
두 가지 일이 자기 안에서 이뤄진 사람이 죄 사함을 받고 구원받은 하

나님의 아들입니다. 앞에서 언급했듯이 죄 사함과 구원은 별개의 것이 아닙니다. 성경대로 죄 사함을 받았다면 구원을 받은 것이고 구원을 받았다면 죄 사함을 받은 것입니다.

— "내가 진실로 진실로 너희에게 이르노니 한 알의 밀이 땅에 떨어져 죽지 아니하면 한 알 그대로 있고 죽으면 많은 열매를 맺느니라" (요12:24)

예수님이 십자가에 달리신 자기의 일을 한 알의 밀의 비유로 말씀하시면서 "죽지 아니하면 한 알 그대로 있고 죽으면 많은 열매를 맺느니라"라고 하셨습니다. 예수님이 한 알의 밀인데 죽으면 많은 열매를 맺는다고 하셨습니다. 농부가 농사를 짓는 목적은 씨 하나를 심어서 심은 것과 똑같은 열매를 많이 얻기 위함입니다. 하나님 아버지가 예수라는 아들을 심으셔서 예수님과 똑같은 아들들을 열매로 얻으시는 것입니다.

— "그러나 이제 그리스도께서 죽은 자 가운데서 다시 살아 잠자는 자들의 첫 열매가 되셨도다" (고전15:20)

그리스도께서 죽은 자 가운데서 다시 살아 잠자는 자들의 첫 열매가 되신 분입니다. 그런데 믿는 자들도 첫 열매가 되게 하신다고 했습니다.

— "그가 그 조물 중에 우리로 한 첫 열매가 되게 하시려고 자기의 뜻을 좇아 진리의 말씀으로 우리를 낳으셨느니라" (약1:18)

이미 그리스도께서 첫 열매가 되셨는데 믿는 자들도 첫 열매가 되게 하신다고 했습니다. 여기서 첫 열매는 거둬들인 순서를 말하는 것이 아닙니다. 믿는 자들이 그리스도와 똑같은 상태가 되는 것을 말합니다. 첫 열매가 이미 있는데 어떻게 믿는 자들이 첫 열매가 됩니까? 믿는 자들은 첫 열매를 받아서 첫 열매가 됩니다.

> "이뿐 아니라 또한 우리 곧 성령의 처음 익은 열매를 받은 우리까지도 속으로 탄식하여 양자될 것 곧 우리 몸의 구속을 기다리느니라"(롬8:23)

믿는 자들이 첫 열매이신 그리스도를 받아서 첫 열매와 똑같은 상태가 되는 것이 바로 몸의 구속입니다. 몸의 구속(救贖)을 받은 자들은 이 땅에서 예수님과 똑같은 생명의 상태가 된 재림 예수가 된 사람들입니다.

> "1 또 내가 보니 보라 어린 양이 시온 산에 섰고 그와 함께 십사만 사천이 섰는데 그 이마에 어린 양의 이름과 그 아버지의 이름을 쓴 것이 있도다 2 내가 하늘에서 나는 소리를 들으니 많은 물 소리도 같고 큰 뇌성도 같은데 내게 들리는 소리는 거문고 타는 자들의 그 거문고 타는 것 같더라 3 저희가 보좌와 네 생물과 장로들 앞에서 새 노래를 부르니 땅에서 구속함을 얻은 십사만 사천 인 밖에는 능히 이 노래를 배울 자가 없더라 4 이 사람들은 여자로 더불어 더럽히지 아니하고 정절이 있는 자라 어린 양이 어디로 인도하든지 따라가는 자며 사람 가운데서 구속을 받아 처음 익은 열매로 하나님과 어린 양

에게 속한 자들이니 5 그 입에 거짓말이 없고 흠이 없는 자들이더라"(계14:1-5)

이 사람들은 어린 양이 어디로 인도하든지 따라가는 자며 사람 가운데서 구속(救贖)을 받아 처음 익은 열매로 하나님과 어린 양에게 속한 자들이니 그 입에 거짓말이 없고 흠이 없는 자들이라고 했습니다. 구속을 받아 처음 익은 열매가 되었다는 것은 첫 열매이신 그리스도와 똑같은 생명의 상태가 되었다는 것입니다. 두 번째 오시는 그리스도는 믿는 자들을 구원하시려고 자기를 바라는 자들에게만 오신다고 했습니다.

> "이와 같이 그리스도도 많은 사람의 죄를 담당하시려고 단번에 드리신 바 되셨고 구원에 이르게 하기 위하여 죄와 상관없이 자기를 바라는 자들에게 두 번째 나타나시리라"(히9:28)

두 번째 오시는 그리스도는 심판하러 오시는 것이 아닙니다. 구원하기 위해서 오십니다. 오늘날 많은 기독교인들이 그리스도의 재림을 기다리고 있는데 그들은 잘못된 교리에 의해서 두 번째 오시는 그리스도는 심판하러 오신다고 잘못 알고 있습니다.

아타나시우스의 삼위일체 신조 44 (부록 참조)

---

37. 한 인간이 영혼과 육신을 가졌듯이 한 그리스도께서는 하나님이시요, 동시에 인간이 되신다.
38. 그분은 우리를 위해 고난받으시고 음부에 내려가셨다가 삼일 만에 죽은 자

가운데서 다시 사셨다.

39. 그는 하늘에 오르사 전능하신 하나님, 곧 성부의 오른편에 앉아 계시며

40. 거기로서 산 자와 죽은 자를 심판하러 오실 것이다.

그리스도의 재림을 기다리고 있는 자들은 한 사람도 구원받을 수 없습니다. 그리스도를 기다리는 자들은 자기 속에 그리스도가 계시지 않는다는 것을 자백하는 것입니다. 그리스도께서 두 번째 오셨다면 그리스도를 기다릴 이유가 없습니다. 그리고 그리스도가 자기 안에 계신다면 스스로 안다고 했기 때문에 그리스도의 재림을 기다리는 자들은 누구든지 구원을 받지 못한 것입니다. 그리스도께서 믿는 자 안으로 두 번째 오시기 위해서는 반드시 자기 몸을 버려야 합니다.

———   "내가 그리스도와 함께 십자가에 못 박혔나니 그런즉 이제는 내가 산 것이 아니요 오직 내 안에 그리스도께서 사신 것이라 이제 내가 육체 가운데 사는 것은 나를 사랑하사 나를 위하여 자기 몸을 버리신 하나님의 아들을 믿는 믿음 안에서 사는 것 이라" (갈2:20)

하나님의 아들을 믿을 때 자기 몸을 버리신 하나님의 아들을 믿으라고 했습니다. 예수님이 자기 몸을 버리지 않으시면 절대로 믿는 자 안으로 오실 수 없습니다. 예수님은 자기의 몸과 육체를 버리시고 예수님의 영혼이 아버지께로 가셨습니다.

———   "예수께서 신 포도주를 받으신 후 가라사대 다 이루었다 하시고 머리를 숙이시고 영혼이 돌아가시니라" (요19:30)

— "내가 아버지께로 나와서 세상에 왔고 다시 세상을 떠나 아버지께로 가노라 하시니" (요16:28)

아버지께로 나와서 세상에 오신 예수님은 다시 세상을 떠나 아버지께로 가실 때 반드시 아버지 안으로 가셔야 합니다. 예수님은 아버지 안으로 가실 때 많은 열매를 맺어서 가지고 가셨습니다. 그래서 이제는 많은 아들들을 얻을 수 있는 씨가 아버지 안에 있습니다. 그래야 하나님의 씨이신 그리스도가 믿는 각 사람에게 두 번째 오실 수 있고 믿는 자들이 하나님의 아들이 될 수 있습니다.

— "그 날에는 내가 아버지 안에, 너희가 내 안에, 내가 너희 안에 있는 것을 너희가 알리라" (요14:20)

그 날에 (곧 예수님이 십자가에 달려 죽으시고 아버지가 예수님의 영(그리스도)을 다시 살리셔서 그리스도가 아버지 안으로 가신 날에) 그리스도는 아버지 안에 계시는데 또 "너희가 내 안에, 내가 너희 안에"라고 하시면서 그리스도가 아버지 안에서 믿는 자 안으로 오실 것을 말씀하셨습니다. 예수님이 자기 몸과 육체를 버리시고 아버지 안으로 가신 이유는 믿는 자들 안으로 두 번째 오시기 위함입니다. 왜냐하면 그리스도께서 믿는 자들 안으로 두 번째 오셔야 믿는 자들이 구원을 받고 하나님의 아들들이 될 수 있기 때문입니다. 그리스도께서 믿는 자 안에 계시는 것이 믿음이요, 구원입니다. 그리고 믿는 자들이 하나님의 아들들이 되는 유일한 방법입니다.

《 4 》

죄는 믿을 때 사함을 받고 죄들은
믿은 후에 믿는 내가 처리해야 합니다

그리스도께서 믿는 자 안에 들어오시면 믿지 않는 죄의 사함을 받고 믿는 자가 구원받아 하나님의 아들이 됩니다. 예수님이 말씀하신 죄는 믿지 않는 것입니다. 그래서 믿는 자들에게는 죄가 없습니다. 그러나 죄는 없지만 죄들은 여전히 믿는 자의 몸에 남아 있습니다.

─── "9 만일 너희 속에 하나님의 영이 거하시면 너희가 육신에 있지 아니하고 영에 있나니 누구든지 그리스도의 영이 없으면 그리스도의 사람이 아니라 10 또 그리스도께서 너희 안에 계시면 몸은 죄로 인하여 죽은 것이나 영은 의를 인하여 산 것이니라 11 예수를 죽은 자 가운데서 살리신 이의 영이 너희 안에 거하시면 그리스도 예수를 죽은 자 가운데서 살리신 이가 너희 안에 거하시는 그의 영으로 말미암아 너희 죽을 몸도 살리시리라" (롬8:9-11)

그리스도께서 믿는 자 안에 들어오실 때 먼저 믿는 자의 영에 들어오십니다. 그래서 영은 하나님의 의(義)이신 그리스도로 말미암아 살았으나 몸은 죄로 인하여 죽었다고 했습니다. 그리고 다음으로 "그리스도 예수를 죽은 자 가운데서 살리신 이가 너희 안에 거하시는 그의 영으로 말미암아 너희 죽을 몸도 살리시리라"라고 하심으로 영으로 죽을 몸도 살리신다고 했습니다. 어떻게 영으로 죽을 몸을 살립니까?

> "12 그러므로 형제들아 우리가 빚진 자로되 육신에게 져서 육신대로 살 것이 아니니라 13 너희가 육신대로 살면 반드시 죽을 것이로되 영으로써 몸의 행실을 죽이면 살리니 14 무릇 하나님의 영으로 인도함을 받는 그들은 곧 하나님의 아들이라"
> (롬8:12-14)

영으로써 몸의 행실을 죽이면 몸이 산다고 했습니다. 죄로 죽을 몸에서는 죄들이 나오게 되어 있습니다. 구원을 받았어도 믿는 자의 몸에는 아직 그리스도께서 살지 않기 때문입니다. 그러면 어떻게 해야 그리스도께서 믿는 자의 몸에 사시게 될까요? 죄들이 몸에서 나올 때마다 십자가를 지고 주님을 좇는 것입니다.

> "또 무리에게 이르시되 아무든지 나를 따라오려거든 자기를 부인하고 날마다 제 십자가를 지고 나를 좇을 것이니라" (눅9:23)

예수님께서 나를 따라오려고 하는 자들은 자기를 부인하고 각자 자기 십자가를 지고 날마다 나를 좇으라고 말씀하셨습니다. 예수님이 우리의 죄를 대속하셨지만 우리도 믿음으로 예수님과 함께 십자가를 져야 합니다. 예수님만 십자가를 지고 가신 것이 아니라 우리도 각자 자기 십자가를 지고 예수님을 좇아야 합니다. 십자가는 죽음입니다.

예수님께서 내 죄 때문에 십자가에 죽었으므로 이제 내 몸에서 나오는 죄들을 처리하기 위해 믿는 내가 십자가를 지고 죄를 지은 나를 믿음으로 십자가에 못 박아 죽이는 것입니다.

— "10 우리가 항상 예수 죽인 것을 몸에 짊어짐은 예수의 생명도 우리 몸에 나타나게 하려 함이라 11 우리 산 자가 항상 예수를 위하여 죽음에 넘기움은 예수의 생명이 또한 우리 죽을 육체에 나타나게 하려 함이니라"(고후4:10-11)

우리가 항상 예수 죽인 것을 몸에 짊어지고 우리 산 자가 항상 예수를 위하여 죽음에 넘기운다고 했습니다. 이것이 바로 내가 믿음으로 십자가를 지는 것입니다. 그래야 예수의 생명이 우리 몸에 나타나고 죽을 육체에 나타나게 할 수 있습니다. 예수의 생명이 몸에 나타나고 죽을 육체에 나타난 사람은 예수가 된 사람입니다. 첫 열매이신 그리스도로 말미암아 첫 열매가 된 사람입니다.

— "20 나의 간절한 기대와 소망을 따라 아무 일에든지 부끄럽지 아니하고 오직 전과 같이 이제도 온전히 담대하여 살든지 죽든지 내 몸에서 그리스도가 존귀히 되게 하려 하나니 21 이는 내게 사는 것이 그리스도니 죽는 것도 유익함이니라"(빌1:20-21)

믿는 자의 몸에서 그리스도가 존귀히 되게 하려면 내 안에 사시는 그리스도가 내 몸에 사시도록 내가 죽는 것이 유익함이라고 했습니다. 구원을 받아서 그리스도가 믿는 자 안에 계셔도 몸은 여전히 죄들로 가득 차 있습니다. 그래서 이때부터 믿는 자 안에서는 성령의 소욕과 육체의 소욕이 서로 대적하는 일이 일어납니다.

─── "16 내가 이르노니 너희는 성령을 좇아 행하라 그리하면 육체
의 욕심을 이루지 아니하리라 17 육체의 소욕은 성령을 거스
리고 성령의 소욕은 육체를 거스르나니 이 둘이 서로 대적함
으로 너희의 원하는 것을 하지 못하게 하려 함이니라 18 너희
가 만일 성령의 인도하시는 바가 되면 율법 아래 있지 아니하
리라"(갈5:16-18)

성령의 소욕과 육체의 소욕이 서로 대적하는 일은 반드시 구원받은
자에게서만 일어납니다. 성령을 보증으로 믿는 자의 마음에 주셨기
때문입니다. 믿는 자들이 항상 성령을 좇아 행한다면 죄들을 지을 일
이 없겠지만 죄들도 또한 믿는 자 속에 있으므로 반드시 나오게 되어
있습니다.

─── "19 육체의 일은 현저하니 곧 음행과 더러운 것과 호색과 20
우상 숭배와 술수와 원수를 맺는 것과 분쟁과 시기와 분냄과
당 짓는 것과 분리함과 이단과 21 투기와 술 취함과 방탕함과
또 그와 같은 것들이라 전에 너희에게 경계한 것같이 경계하
노니 이런 일을 하는 자들은 하나님의 나라를 유업으로 받지
못할 것이요"(갈5:19-21)

육체의 소욕을 좇는 자들에게서는 현저한 육체의 일이 나오는데 이
것이 곧 죄들입니다. 이런 일을 하는 자들은 구원을 못 받는 것이 아
니라 유업을 받지 못한다고 했습니다.

"9 불의한 자가 하나님의 나라를 유업으로 받지 못할 줄을 알
지 못하느냐 미혹을 받지 말라 음란하는 자나 우상 숭배하는
자나 간음하는 자나 탐색하는 자나 남색하는 자나 10 도적이
나 탐람하는 자나 술 취하는 자나 후욕하는 자나 토색하는 자
들은 하나님의 나라를 유업으로 받지 못하리라 11 너희 중에
이와 같은 자들이 있더니 주 예수 그리스도의 이름과 우리 하
나님의 성령 안에서 씻음과 거룩함과 의롭다 하심을 얻었느
니라" (고전6:9-11)

불의한 자가 하나님의 나라를 유업으로 받지 못한다고 했는데 이들
이 예수 그리스도의 이름과 성령 안에서 씻음과 거룩함과 의롭다 하
심을 얻었다고 했습니다. 육체의 소욕을 좇는 자들이나 불의를 행하
는 자들이 다 구원을 받았지만 여전히 그 안에 있으면 유업을 받지 못
하게 되는 것을 경계(警戒)하는 말씀입니다.

"28 또한 저희가 마음에 하나님 두기를 싫어하매 하나님께서
저희를 그 상실한 마음대로 내어 버려두사 합당치 못한 일을
하게 하셨으니 29 곧 모든 불의, 추악, 탐욕, 악의가 가득한 자
요 시기, 살인, 분쟁, 사기, 악독이 가득한 자요 수군수군하는
자요 30 비방하는 자요 하나님의 미워하시는 자요 능욕하는
자요 교만한 자요 자랑하는 자요 악을 도모하는 자요 부모를
거역하는 자요 31 우매한 자요 배약하는 자요 무정한 자요 무
자비한 자라 32 저희가 이같은 일을 행하는 자는 사형에 해당
하다고 하나님의 정하심을 알고도 자기들만 행할 뿐 아니라
또한 그 일을 행하는 자를 옳다 하느니라" (롬1:28-32)

하나님의 말씀을 들었고 교회는 다니지만 마음에 하나님 두기를 싫어하는 자들이 있는데 이 사람들은 구원받지 못하고 죄들을 범하기 때문에 그 행하는 모든 일이 사형에 해당한다고 말씀하고 있습니다. 불신자들이 마음에 하나님 두기를 싫어하는 것이 아니라 하나님의 정하심을 아는 자들이 마음에 하나님 두기를 싫어한다고 했습니다. 구원은 죄들의 유(有), 무(無)와 상관없이 하나님이 마음에 계시는 것입니다. 그래서 구원받은 자 안에서는 하나님이 행하신다고 했습니다.

> "13 너희 안에서 행하시는 이는 하나님이시니 자기의 기쁘신 뜻을 위하여 너희로 소원을 두고 행하게 하시나니 14 모든 일을 원망과 시비가 없이 하라 15 이는 너희가 흠이 없고 순전하여 어그러지고 거스리는 세대 가운데서 하나님의 흠 없는 자녀로 세상에서 그들 가운데 빛들로 나타내며 16 생명의 말씀을 밝혀 나의 달음질도 헛되지 아니하고 수고도 헛되지 아니함으로 그리스도의 날에 나로 자랑할 것이 있게 하려 함이라"(빌2:13-16)

믿는 자 안에서 하나님이 행하시는데 하나님의 기쁘신 뜻을 위하여 믿는 자를 행하게 하시므로 모든 일을 원망과 시비가 없이 하라고 했습니다. 하나님이 믿는 자 속에서 행하시면 때때로 죄들이 나올 수 있어도 결국에는 하나님의 흠 없는 자녀가 되어 세상에서 빛들로 나타내는 자들이 될 것을 말씀하고 있습니다.

> "1 그러므로 너희가 그리스도와 함께 다시 살리심을 받았으면 위엣 것을 찾으라 거기는 그리스도께서 하나님 우편에 앉아

계시느니라 2 위엣 것을 생각하고 땅엣 것을 생각지 말라 3 이는 너희가 죽었고 너희 생명이 그리스도와 함께 하나님 안에 감취었음이니라 4 우리 생명이신 그리스도께서 나타나실 그때에 너희도 그와 함께 영광 중에 나타나리라"(골3:1-4)

그리스도와 함께 다시 살리심을 받은 자들에게 위의 것을 생각하고 땅의 것을 생각하지 말라고 했습니다. 그리스도가 믿는 자의 생명이 되셨으므로 믿는 자의 몸에 그리스도께서 나타나는 것이 영광 중에 그리스도와 함께 나타나는 것입니다. 믿는 자가 그리스도와 함께 영광 중에 나타나려면 땅에 있는 지체를 죽여야 합니다.

"5 그러므로 땅에 있는 지체를 죽이라 곧 음란과 부정과 사욕과 악한 정욕과 탐심이니 탐심은 우상 숭배니라 6 이것들을 인하여 하나님의 진노가 임하느니라 7 너희도 전에 그 가운데 살 때에는 그 가운데서 행하였으나 8 이제는 너희가 이 모든 것을 벗어 버리라 곧 분과 악의와 훼방과 너희 입의 부끄러운 말이라 9 너희가 서로 거짓말을 말라 옛사람과 그 행위를 벗어 버리고 10 새 사람을 입었으니 이는 자기를 창조하신 자의 형상을 좇아 지식에까지 새롭게 하심을 받는 자니라"(골3:5-10)

땅에 있는 지체에서 온갖 죄들이 나오면 하나님의 진노가 그 사람에게 임한다고 했습니다. 구원받은 사람은 이 모든 것을 벗어 버리고 새 사람을 입어야 합니다. 땅에 있는 지체는 믿는 내가 나를 십자가에 못 박아 죽여야 합니다. 그래서 "땅에 있는 지체를 죽이라"라고 명령

하신 것입니다. 구속 곧 죄 사함은 선물로 거저 주시지만 몸에서 죄가 사라지는 몸의 구속은 일해서 받는 상급이며 유업입니다. 구원을 받은 모든 사람은 새 언약의 일꾼이 된다고 했습니다.

> "5 우리가 무슨 일이든지 우리에게서 난 것같이 생각하여 스스로 만족할 것이 아니니 우리의 만족은 오직 하나님께로서 났느니라 6 저가 또 우리로 새 언약의 일군 되기에 만족케 하셨으니 의문으로 하지 아니하고 오직 영으로 함이니 의문은 죽이는 것이요 영은 살리는 것임이니라" (고후3:5-6)

새 언약의 일꾼이 된 사람에게 일꾼이 되기에 만족하게 하셨는데 이는 의문으로 하지 아니하고 영으로 함이라고 했습니다. 어떻게 하는 것이 영으로 하는 것입니까? 믿는 자의 영과 그리스도의 영이 하나 되어서 그 하나 된 영으로 몸의 행실은 죽이고 죄로 죽은 몸은 살리는 것입니다. 죽은 몸을 살리는 일은 오직 땅에서만 할 수 있습니다. 육체의 때가 끝나면 모든 구원받은 자들은 반드시 그리스도의 심판대 앞에 서게 됩니다.

> "이는 우리가 다 반드시 그리스도의 심판대 앞에 드러나 각각 선악 간에 그 몸으로 행한 것을 따라 받으려 함이라" (고후5:10)

땅에서 곧 육체가 있을 때 선악 간에 몸으로 행한 것이 다 그리스도의 심판대 앞에서 드러나고 그 결과에 따라 상을 받는 자가 있고 벌을 받는 자가 있습니다. 예수 믿고 구원받았으니 죽으면 천국으로 간다? 그런 일은 없습니다. 천국도 이 땅에서 믿는 자 안에 이루어지지만 구원받았어도 자기 몸에 있는 죄들을 처리하지 못하면 벌을 받아야 합니다. 벌을 받는 이유는 이 땅에서 죄들을 처리할 기회를 줬음에도 하지 않았기 때문입니다. 하나님의 뜻은 우리를 거룩하게 하시는 것입니다. 거룩함과 죄들은 절대로 함께할 수 없습니다.

> "3 하나님의 뜻은 이것이니 너희의 거룩함이라 곧 음란을 버리고 4 각각 거룩함과 존귀함으로 자기의 아내 취할 줄을 알고 5 하나님을 모르는 이방인과 같이 색욕을 좇지 말고 6 이일에 분수를 넘어서 형제를 해하지 말라 이는 우리가 너희에게 미리 말하고 증거한 것과 같이 이 모든 일에 주께서 신원하여 주심이니라 7 하나님이 우리를 부르심은 부정케 하심이 아니요 거룩케 하심이니 8 그러므로 저버리는 자는 사람을 저버림이 아니요 너희에게 그의 성령을 주신 하나님을 저버림이니라"(살전4:3-8)

　믿는 자들을 거룩하게 하시는 것이 하나님의 뜻이므로 이를 저버리는 자는 성령을 보증으로 믿는 자의 마음에 주신 하나님을 저버리는 것입니다. 구원받은 각 사람은 하나님의 거하실 거룩한 처소가 되기 위하여 그리스도의 터 위에 집을 짓는 자와 같습니다.

> "9 우리는 하나님의 동역자들이요 너희는 하나님의 밭이요 하나님의 집이니라 10 내게 주신 하나님의 은혜를 따라 내가 지혜로운 건축자와 같이 터를 닦아 두매 다른 이가 그 위에 세우나 그러나 각각 어떻게 그 위에 세우기를 조심할지니라 11 이 닦아 둔 것 외에 능히 다른 터를 닦아 둘 자가 없으니 이 터

는 곧 예수 그리스도라 12 만일 누구든지 금이나 은이나 보석이나 나무나 풀이나 짚으로 이 터 위에 세우면 13 각각 공력이 나타날 터인데 그 날이 공력을 밝히리니 이는 불로 나타내고 그 불이 각 사람의 공력이 어떠한 것을 시험할 것임이니라 14 만일 누구든지 그 위에 세운 공력이 그대로 있으면 상을 받고 15 누구든지 공력이 불타면 해를 받으리니 그러나 자기는 구원을 얻되 불 가운데서 얻은 것 같으리라 16 너희가 하나님의 성전인 것과 하나님의 성령이 너희 안에 거하시는 것을 알지 못하느뇨 17 누구든지 하나님의 성전을 더럽히면 하나님이 그 사람을 멸하시리라 하나님의 성전은 거룩하니 너희도 그러하니라" (고전3:9-17)

믿음으로 그리스도께서 마음에 계시면 이 사람은 '그리스도'라는 터가 닦아진 사람입니다. 터가 닦아졌으면 그 위에 집을 지어야 하는데 재료가 금과 은과 보석이 있고 또 나무나 짚이나 풀이 있습니다. 여기서 터 위에 집을 짓는 사람은 구원받은 자이고 재료 중에 금과 은과 보석은 하나님이 주신 것이요, 나무나 짚이나 풀은 땅 곧 육체로부터 나오는 것입니다. 집을 지은 공력을 시험할 때가 오는데 공력은 불로 시험하고 공력이 그대로 있으면 상을 받고 공력이 불타면 해를 받습니다. 그러나 공력이 불타버려도 구원은 잃어버리지 않습니다. 그리스도가 터가 되셨기 때문에 터는 절대로 불에 타 없어지지 않습니다. 여기서 공력이 불에 타버렸다는 것은 상급을 잃어버렸다는 것입니다. 믿지 않는 죄 곧 구원받지 못한 죄의 사함은 믿을 때 구원과 함께 받습니다. 그러나 몸에 있는 죄들은 구원받은 자들이 죄들이 나올 때마다 각자 자기 십자가를 지고 주님을 좇아가서 십자가에 못 박아 처리해야 합니다. 몸에 있는 죄들을 처리하면 상을 받고 남겨 놓으면 벌을 받아야 합니다.

—— "그리스도 예수의 사람들은 육체와 함께 그 정과 욕심을 십자가에 못 박았느니라"(갈5:24)

육체와 함께 정과 욕심을 십자가에 못 박은 사람들이 그리스도 예수의 사람들입니다. 그리스도 예수의 사람들은 그리스도가 생명이 되신 사람들입니다.

—— "십자가의 도가 멸망하는 자들에게는 미련한 것이요 구원을 얻는 우리에게는 하나님의 능력이라"(고전1:18)

구원을 얻는 자들에게는 십자가의 도가 하나님의 능력이라고 했습니다. 오직 십자가를 내가 지고 주님을 좇을 때 죄들이 처리됩니다. 죄는 믿을 때 사함을 받고 죄들은 믿은 후에 믿는 자가 자기 안에 계신 그리스도로 말미암아 처리해야 합니다.

제4장

구원과 거듭남

(1)

구원과 거듭남은 하나입니다

바리새인 중에 유대인의 관원인 니고데모가 밤에 예수님께 와서 예수님이 행하시는 표적은 하나님이 함께 하시지 아니하시면 아무라도 할 수 없는 것이라고 하자 예수님께서 "사람이 거듭나지 아니하면 하나님 나라를 볼 수 없다"라고 니고데모에게 말씀하셨습니다. 예수님이 하신 말씀에 니고데모가 "사람이 늙으면 어떻게 날 수 있삽나이까? 두 번째 모태에 들어갔다가 날 수 있삽나이까?"라고 했는데 예수님께서 사람이 물과 성령으로 나지 아니하면 하나님 나라에 들어갈 수 없다고 말씀하셨습니다.

   "1 바리새인 중에 니고데모라 하는 사람이 있으니 유대인의 관원이라 2 그가 밤에 예수께 와서 가로되 랍비여 우리가 당신은 하나님께로서 오신 선생인 줄 아나이다 하나님이 함께 하시지 아니하시면 당신의 행하시는 이 표적을 아무라도 할 수 없음이니이다 3 예수께서 대답하여 가라사대 진실로 진실로 네게 이르노니 사람이 거듭나지 아니하면 하나님 나라를 볼 수 없느니라 4 니고데모가 가로되 사람이 늙으면 어떻게

날 수 있삽나이까 두 번째 모태에 들어갔다가 날 수 있삽나이
까 5 예수께서 대답하시되 진실로 진실로 네게 이르노니 사
람이 물과 성령으로 나지 아니하면 하나님 나라에 들어갈 수
없느니라"(요3:1-5)

니고데모가 거듭나야 한다는 말의 뜻은 알았지만 어떻게 거듭나야
하는지 방법을 몰라서 두 번째 모태에 들어가서 다시 태어나는 것인
지 예수님께 물었을 것입니다.

> **거듭남**
>
> 거듭남으로 번역된 헬라어 단어 '팔링게네시아(palingenesia)'는 팔린(palin,
> '다시')과 게네시스(genesis, '탄생')란 단어로 이루어져 있다. 그러므로 "거듭
> 난다"는 의미는 문자 그대로 다시 태어난다는 것이다.
>
> [출처: 위키백과]
>
> ---
>
> **거듭남[regeneration, born again]**
>
> 새롭게 태어남. 새 사람이 됨. 성경적으로는, 죄 때문에 영적으로 죽어 있던 존재
> 가 은혜로 새 생명을 얻어 전 인격적이고 근본적으로 변화하는 것, 곧 '중생'(重
> 生)을 말한다(요3:3; 벧전1:3). 이는 하나님의 주권적 역사로만 가능하다. 그래
> 서 성경은 거듭난 자를 '하나님께로부터 난 자'(요1:13; 요일3:9), '하나님의 자
> 녀'(요1:12), '새로 지으심을 받은 자'(갈6:15), '새로운 피조물'(고후5:17)이라
> 고 한다.
>
> [출처: 교회용어사전]

헬라어에 거듭남이라는 단어의 뜻은 문자 그대로 다시 태어난다는
뜻입니다. 그리고 기독교 신앙을 가진 사람들이 보편적으로 아는 거

듭남의 의미는 '새 사람', '중생', '하나님께로부터 난 자', '하나님의 자녀', '새로운 피조물' 등의 뜻으로 알고 있습니다. 교회용어사전에 있는 내용을 보면 "죄 때문에 영적으로 죽어 있던 존재가 은혜로 새 생명을 얻어 전 인격적이고 근본적으로 변화하는 것"이라고 되어 있습니다. 거듭남은 새 생명을 얻는 것입니다. 대부분의 기독교인들이 거듭남의 뜻은 알지만 실제로 거듭나지는 못했습니다. 새 생명을 얻을 수 있는 방법을 모르기 때문입니다. 잘못된 교리에 의해서 예수님이 십자가에 달려 죽으실 때 세상 모든 죄를 다 담당하셨고 그 안에 내죄도 포함되었기 때문에 이 사실을 믿으면 죄 사함을 받고 구원받는다고 믿고 있습니다. 죄 사함을 받고 새 생명을 얻어서 구원을 받으려면 반드시 믿는 내가 그리스도와 함께 죽어야 합니다.

"3 무릇 그리스도 예수와 합하여 세례를 받은 우리는 그의 죽으심과 합하여 세례받은 줄을 알지 못하느뇨 4 그러므로 우리가 그의 죽으심과 합하여 세례를 받음으로 그와 함께 장사되었나니 이는 아버지의 영광으로 말미암아 그리스도를 죽은 자 가운데서 살리심과 같이 우리로 또한 새 생명 가운데서 행하게 하려 함이니라 5 만일 우리가 그의 죽으심을 본받아 연합한 자가 되었으면 또한 그의 부활을 본받아 연합한 자가 되리라 6 우리가 알거니와 우리 옛 사람이 예수와 함께 십자가에 못 박힌 것은 죄의 몸이 멸하여 다시는 우리가 죄에게 종노릇하지 아니하려 함이니 7 이는 죽은 자가 죄에서 벗어나 의롭다 하심을 얻었음이니라 8 만일 우리가 그리스도와 함께 죽었으면 또한 그와 함께 살 줄을 믿노니" (롬6:3-8)

그리스도와 함께 장례를 치른 자들이 새 생명을 얻습니다. 그리고 죽은 자가 죄에서 벗어나 의롭다 하심을 얻습니다. 또한 그리스도와 함께 죽어야 함께 살 수 있습니다. 이것이 새 생명을 얻어서 구원받는 유일한 방법입니다.

2

물과 성령으로 거듭나야 합니다

예수님은 니고데모에게 "사람이 물과 성령으로 나지 아니하면 하나님 나라에 들어갈 수 없느니라"라고 말씀하셨습니다. 그러면 사람이 어떻게 해야 물과 성령으로 거듭날 수 있습니까?

— "37 명절 끝 날 곧 큰 날에 예수께서 서서 외쳐 가라사대 누구든지 목마르거든 내게로 와서 마시라 38 나를 믿는 자는 성경에 이름과 같이 그 배에서 생수의 강이 흘러나리라 하시니 39 이는 그를 믿는 자의 받을 성령을 가리켜 말씀하신 것이라 (예수께서 아직 영광을 받지 못하신 고로 성령이 아직 저희에게 계시지 아니하시더라)" (요7:37-39)

예수님을 믿는 자는 그 배에서 생수의 강이 흘러난다고 말씀하셨는데 이는 믿는 자의 받을 성령을 가리켜 말씀하신 것입니다. 믿는 자 속에서 흘러나오는 생수의 강이 곧 성령이라고 말씀하신 것은 성령을 받으면 받은 자 속에서 생수의 강이 흐른다는 뜻입니다. 다시 말하면 성령을 받는 것이 곧 물과 성령으로 거듭나는 것입니다.

"5 사마리아에 있는 수가라 하는 동네에 이르시니 야곱이 그 아들 요셉에게 준 땅이 가깝고 6 거기 또 야곱의 우물이 있더라 예수께서 행로에 곤하여 우물 곁에 그대로 앉으시니 때가 제 육 시쯤 되었더라 7 사마리아 여자 하나가 물을 길러 왔으매 예수께서 물을 좀 달라 하시니 8 이는 제자들이 먹을 것을 사러 동네에 들어갔음이러라 9 사마리아 여자가 가로되 당신은 유대인으로서 어찌하여 사마리아 여자 나에게 물을 달라 하나이까 하니 이는 유대인이 사마리아인과 상종치 아니함이러라 10 예수께서 대답하여 가라사대 네가 만일 하나님의 선물과 또 네게 물 좀 달라 하는 이가 누구인 줄 알았더면 네가 그에게 구하였을 것이요 그가 생수를 네게 주었으리라 11 여자가 가로되 주여 물 길을 그릇도 없고 이 우물은 깊은데 어디서 이 생수를 얻겠삽나이까 12 우리 조상 야곱이 이 우물을 우리에게 주었고 또 여기서 자기와 자기 아들들과 짐승이 다 먹었으니 당신이 야곱보다 더 크니이까 13 예수께서 대답하여 가라사대 이 물을 먹는 자마다 다시 목마르려니와 14 내가 주는 물을 먹는 자는 영원히 목마르지 아니하리니 나의 주는 물은 그 속에서 영생하도록 솟아나는 샘물이 되리라"(요4:5-14)

예수님께서 수가 성(城)의 사마리아 여자에게 "내가 주는 물을 먹는 자는 영원히 목마르지 아니하리니 나의 주는 물은 그 속에서 영생하도록 솟아나는 샘물이 되리라"라고 말씀하신 것도 같은 의미입니다. 성령은 구원받은 자들에게 하나님이 주시는 선물입니다.

"36 그런즉 이스라엘 온 집이 정녕 알지니 너희가 십자가에 못

박은 이 예수를 하나님이 주와 그리스도가 되게 하셨느니라 하니라 37 저희가 이 말을 듣고 마음에 찔려 베드로와 다른 사도들에게 물어 가로되 형제들아 우리가 어찌할꼬 하거늘 38 베드로가 가로되 너희가 회개하여 각각 예수 그리스도의 이름으로 세례를 받고 죄 사함을 얻으라 그리하면 성령을 선물로 받으리니"(행2:36-38)

회개하여 예수 그리스도의 이름으로 세례를 받고 죄 사함을 얻으면 성령을 선물로 주신다고 했습니다. 여기서 세례는 로마서 6장 3-4절에 믿는 자가 그리스도의 죽으심과 합하여 믿음으로 받는 세례를 말합니다. 성경에 세례는 하나밖에 없습니다. (엡4:5-6) 이 세례를 받은 자들이 죄 사함을 받고 구원을 얻었으므로 성령을 선물로 주시는 것입니다.

―――   "21 우리를 너희와 함께 그리스도 안에서 견고케 하시고 우리에게 기름을 부으신 이는 하나님이시니 22 저가 또한 우리에게 인치시고 보증으로 성령을 우리 마음에 주셨느니라"(고후 1:21-22)

하나님이 우리에게 기름을 부으시고 또한 인을 치시고 보증으로 성령을 우리 마음에 주셨습니다. 기름을 부으시고 인을 치셨다는 것은 그리스도가 믿는 자 안에 계신다는 것입니다. 그리스도가 하나님의 기름 부음이요, 인 치심입니다. 그리스도가 안에 계시면 반드시 성령도 함께 계셔야 합니다. 보증으로 성령을 믿는 자의 마음에 주셨기 때문입니다. 성령이 마음에 계시지 않는 자들은 구원받지 못한 자들입니다. 하나님의 보증이 없기 때문입니다.

— "16 내가 아버지께 구하겠으니 그가 또 다른 보혜사를 너희에
    게 주사 영원토록 너희와 함께 있게 하시리니 17 저는 진리의
    영이라 세상은 능히 저를 받지 못하나니 이는 저를 보지도 못
    하고 알지도 못함이라 그러나 너희는 저를 아나니 저는 너희
    와 함께 거하심이요 또 너희 속에 계시겠음이라"(요14:16-17)
    "보혜사 곧 아버지께서 내 이름으로 보내실 성령 그가 너희에
    게 모든 것을 가르치시고 내가 너희에게 말한 모든 것을 생각
    나게 하시리라"(요14:26)
    "내가 아버지께로서 너희에게 보낼 보혜사 곧 아버지께로서
    나오시는 진리의 성령이 오실 때에 그가 나를 증거하실 것이
    요"(요15:26)

　보혜사 성령은 예수님이 아버지께 구해서 아버지가 믿는 자들에게
주시는 진리의 영입니다. 성령이 오시면 믿는 자와 영원토록 함께 계
시고 또 믿는 자 속에 계신다고 했습니다. 또 성령은 아버지께서 예수
님의 이름으로 보내시는데 "그가 너희에게 모든 것을 가르치시고 내
가 너희에게 말한 모든 것을 생각나게 하시리라"라고 예수님이 말씀
하셨습니다. 그런데 이어지는 요한복음 15장 26절 말씀에는 성령을
예수님이 아버지께로서 믿는 자에게 보내신다고 말씀하고 있습니다.
성령은 아버지께로서 나오시는데 예수님이 믿는 자들에게 보내신다
고 말씀하고 있습니다. 그럼 성령은 아버지가 보내시는 것입니까? 아
니면 예수님이 보내시는 것입니까? 이 두 질문에 다 맞는 답은 하나밖
에 없습니다. 바로 예수님이 아버지 안으로 가시는 것입니다. 이 질문

에 대한 해답은 이어지는 요한복음 16장에서 예수님이 말씀해 주셨습니다.

> "7 그러하나 내가 너희에게 실상을 말하노니 내가 떠나가는 것이 너희에게 유익이라 내가 떠나가지 아니하면 보혜사가 너희에게로 오시지 아니할 것이요 가면 내가 그를 너희에게로 보내리니 8 그가 와서 죄에 대하여, 의에 대하여, 심판에 대하여 세상을 책망하시리라 9 죄에 대하여라 함은 저희가 나를 믿지 아니함이요 10 의에 대하여라 함은 내가 아버지께로 가니 너희가 다시 나를 보지 못함이요 11 심판에 대하여라 함은 이 세상 임금이 심판을 받았음이니라 12 내가 아직도 너희에게 이를 것이 많으나 지금은 너희가 감당치 못하리라 13 그러하나 진리의 성령이 오시면 그가 너희를 모든 진리 가운데로 인도하시리니 그가 자의로 말하지 않고 오직 듣는 것을 말하시며 장래 일을 너희에게 알리시리라 14 그가 내 영광을 나타내리니 내 것을 가지고 너희에게 알리겠음이니라" (요 16:7-14)

예수님이 떠나가시면 보혜사가 오신다고 했습니다. 내가 가서 그를 너희에게로 보내신다고 하셨습니다. 그렇다면 예수님은 어디를 떠나서 어디로 가신다는 말씀일까요?

> "내가 아버지께로 나와서 세상에 왔고 다시 세상을 떠나 아버지께로 가노라 하시니" (요16:28)

아버지께로 나와서 세상에 오신 예수님이 다시 세상을 떠나 아버지께로 가신다고 했습니다. 세상에 오실 때 아버지 안에서 나오셨으므로 아버지께로 가실 때도 아버지 안으로 가셔야 합니다. 그래야 예수님이 말씀하신 대로 내가 가서 보혜사를 너희에게 보내신다는 말씀이 이루어질 수 있고 또 보혜사가 아버지께로서 나오신다는 말씀도 참된 말씀이 됩니다. 성령은 독자적으로 계시는 제 삼위의 하나님이 아닙니다. 성령은 아버지 하나님의 생명입니다. 그래서 성령은 반드시 아버지께로 나오신다고 말씀하신 것입니다.

> "18 내가 너희를 고아와 같이 버려두지 아니하고 너희에게로 오리라 19 조금 있으면 세상은 다시 나를 보지 못할 터이로되 너희는 나를 보리니 이는 내가 살았고 너희도 살겠음이라 20 그 날에는 내가 아버지 안에, 너희가 내 안에, 내가 너희 안에 있는 것을 너희가 알리라"(요14:18-20)

그날은 예수님이 십자가에 죽으시고 아버지 안으로 가신 날입니다. 아버지 안으로 가신 예수님은 이제 그리스도의 영으로 믿는 자들 안으로 오십니다. 우리를 고아와 같이 버려두지 아니하고 우리에게 오신다는 말씀을 이루시기 위해서 우리를 구원하시려고 그리스도의 영으로 두 번째 오십니다. 그리스도가 두 번째 믿는 자들 안으로 오실 때에는 반드시 하나님의 영(성령)도 함께 오십니다.

> "이와 같이 그리스도도 많은 사람의 죄를 담당하시려고 단번에 드리신 바 되셨고 구원에 이르게 하기 위하여 죄와 상관없이 자기를 바라는 자들에게 두 번째 나타나시리라"(히9:28)

> "9 만일 너희 속에 하나님의 영이 거하시면 너희가 육신에 있
> 지 아니하고 영에 있나니 누구든지 그리스도의 영이 없으면
> 그리스도의 사람이 아니라 10 또 그리스도께서 너희 안에 계
> 시면 몸은 죄로 인하여 죽은 것이나 영은 의를 인하여 산 것
> 이니라" (롬8:9-10)

성령(하나님의 영)은 아버지의 영이고 그리스도의 영은 아들의 영입니
다. 그리스도는 믿는 자 속에 오셔서 믿는 자의 생명이 되시고 성령은
그리스도가 믿는 자의 생명이 되신 것을 증거하십니다. 그래서 구원
받은 자 속에는 반드시 그리스도와 성령이 함께 계셔야 합니다.

> "성령이 친히 우리 영으로 더불어 우리가 하나님의 자녀인 것
> 을 증거하시나니" (롬8:16)

성령이 하나님의 자녀라고 증거하는 사람, 기름 부음을 받고 인 치심
을 받았다고 보증하는 사람이 바로 물과 성령으로 거듭난 사람입니다.

《 3 》

성령과 불로 세례를 받습니다

세례 요한이 나는 너희에게 물로 세례를 주지만 내 뒤에 오시는 예수님은 성령과 불로 너희에게 세례를 주실 것이라고 증거했습니다.

> "7 요한이 많은 바리새인과 사두개인이 세례 베푸는 데 오는 것을 보고 이르되 독사의 자식들아 누가 너희를 가르쳐 임박한 진노를 피하라 하더냐 8 그러므로 회개에 합당한 열매를 맺고 9 속으로 아브라함이 우리 조상이라고 생각지 말라 내가 너희에게 이르노니 하나님이 능히 이 돌들로도 아브라함의 자손이 되게 하시리라 10 이미 도끼가 나무 뿌리에 놓였으니 좋은 열매 맺지 아니하는 나무마다 찍어 불에 던지우리라 11 나는 너희로 회개케 하기 위하여 물로 세례를 주거니와 내 뒤에 오시는 이는 나보다 능력이 많으시니 나는 그의 신을 들기도 감당치 못하겠노라 그는 성령과 불로 너희에게 세례를 주실 것이요 12 손에 키를 들고 자기의 타작 마당을 정하게 하사 알곡은 모아 곳간에 들이고 쭉정이는 꺼지지 않는 불에 태우시리라" (마3:7-12)

세례 요한이 바리새인과 사두개인들에게 좋은 열매 맺지 아니하는 나무마다 찍어 불에 던지고 쭉정이를 꺼지지 않는 불에 태운다고 했는데 불은 말 그대로 태워 없애버리는 것을 말합니다.

> "16 그의 열매로 그들을 알지니 가시나무에서 포도를, 또는 엉 겅퀴에서 무화과를 따겠느냐 17 이와 같이 좋은 나무마다 아 름다운 열매를 맺고 못된 나무가 나쁜 열매를 맺나니 18 좋은 나무가 나쁜 열매를 맺을 수 없고 못된 나무가 아름다운 열매 를 맺을 수 없느니라 19 아름다운 열매를 맺지 아니하는 나무 마다 찍혀 불에 던지우느니라" (마7:16-19)

예수님도 세례 요한과 같은 말씀을 하셨는데 아름다운 열매를 맺지 아니하는 나무마다 찍혀 불에 던진다고 했습니다. 예수님이 말씀하신 천국 비유에도 같은 내용이 들어 있습니다.

> "36 이에 예수께서 무리를 떠나사 집에 들어가시니 제자들이 나아와 가로되 밭의 가라지의 비유를 우리에게 설명하여 주 소서 37 대답하여 가라사대 좋은 씨를 뿌리는 이는 인자요 38 밭은 세상이요 좋은 씨는 천국의 아들들이요 가라지는 악한 자의 아들들이요 39 가라지를 심은 원수는 마귀요 추수 때는 세상 끝이요 추숫군은 천사들이니 40 그런즉 가라지를 거두 어 불에 사르는 것같이 세상 끝에도 그러하리라 41 인자가 그 천사들을 보내리니 저희가 그 나라에서 모든 넘어지게 하는 것과 또 불법을 행하는 자들을 거두어 내어 42 풀무 불에 던 져넣으리니 거기서 울며 이를 갊이 있으리라 43 그때에 의인

들은 자기 아버지 나라에서 해와 같이 빛나리라 귀 있는 자는 들으라"(마13:36-43)

"47 또 천국은 마치 바다에 치고 각종 물고기를 모으는 그물과 같으니 48 그물에 가득하매 물가로 끌어내고 앉아서 좋은 것은 그릇에 담고 못된 것은 내어 버리느니라 49 세상 끝에도 이러하리라 천사들이 와서 의인 중에서 악인을 갈라내어 50 풀무 불에 던져넣으리니 거기서 울며 이를 갊이 있으리라"(마 13:47-50)

세상 끝에 인자가 천사들을 보내어 그 나라에서 모든 넘어지게 하는 것과 불법을 행하는 자들을 거두어 내어 풀무 불에 던져 넣는다고 하셨고 의인 중에서 악인을 갈라내어 풀무 불에 던져 넣는다고 하셨습니다. 여기서 예수님이 말씀하신 세상 끝을 잘못 이해하면 지구의 종말을 생각하게 됩니다. 여기서 세상 끝은 지구의 종말이 아닙니다. 사람의 종말을 말하는 것입니다. 가라지의 비유에서 세상은 사람을 말합니다. 세상이 밭이라고 했는데 사람이 하나님의 밭이라고 했습니다. (고전3:9) 그래서 세상은 사람이고 세상 끝은 그 사람의 육체의 죽음을 의미합니다. 하나님의 씨 곧 그리스도가 안에 계시지 않는 자들은 다 풀무 불에 들어간다는 말씀입니다. 천사들이 와서 의인 중에서 악인을 갈라낸다고 했습니다. 이 말씀을 잘 생각해 보면 악인 중에서 의인을 갈라낸다고 하는 것이 더 맞을 것 같은데 의인 중에서 악인을 갈라낸다고 했습니다. 보통 이런 표현을 할 때는 많은 것에서 적은 것을 갈라내는 것이 일반적입니다. 예를 들어서 밥을 했는데 콩을 넣었다면 밥에서 콩을 갈라내겠습니까? 콩에서 밥을 갈라내겠습니까? 의인 중에서 악인을 갈라낸다는 의미는 구원받은 사람이 의인인데 그 사람 속에 여전히 악이 함께 있으므로 악을 가지고는 천국에 들어갈 수 없으므로 그 속에서 악을 갈라낸다는 뜻입니다. 구원받은 사람이라도 그 속에 여전히 악한 것이 있으면 그것을 가지고 아버지께 갈 수 없으므로 불에 들어가서 악한 것을 다 태우고 나와야 합니다.

> "9 우리는 하나님의 동역자들이요 너희는 하나님의 밭이요 하나님의 집이니라 10 내게 주신 하나님의 은혜를 따라 내가 지혜로운 건축자와 같이 터를 닦아 두매 다른 이가 그 위에 세우나 그러나 각각 어떻게 그 위에 세우기를 조심할지니라 11 이 닦아 둔 것 외에 능히 다른 터를 닦아 둘 자가 없으니 이 터는 곧 예수 그리스도라 12 만일 누구든지 금이나 은이나 보석이나 나무나 풀이나 짚으로 이 터 위에 세우면 13 각각 공력이 나타날 터인데 그 날이 공력을 밝히리니 이는 불로 나타내고 그 불이 각 사람의 공력이 어떠한 것을 시험할 것임이니라 14 만일 누구든지 그 위에 세운 공력이 그대로 있으면 상을 받고 15 누구든지 공력이 불타면 해를 받으리니 그러나 자기는 구원을 얻되 불 가운데서 얻은 것 같으리라" (고전3:9-15)

그리스도라는 터가 닦아진 사람은 구원을 받았는데 그 터 위에 집을 잘못 세우면 "구원을 얻되 불 가운데서 얻은 것과 같다"라고 했습니다. 이 말씀은 아버지께로 갈 때 가지고 갈 수 없는 악한 것들은 다 불에 태우고 난 뒤에 갈 수 있다는 뜻입니다. 그래서 하나님은 소멸하는 불이라고 했습니다.

> "우리 하나님은 소멸(燒滅)하는 불이심이니라" (히12:29)

하나님은 소멸(燒滅)하는 불이시라고 했는데 여기서 소멸(燒滅)은 불살라 없애버리는 것을 말합니다. 하나님께서는 사람 속에 있는 악한 죄와 허물을 불살라 없애버리는 분입니다. 그래서 구원받은 자들을 금과 은같이 연단(鍊鍛)하신다고 했습니다.

——— "1 만군의 여호와가 이르노라 보라 내가 내 사자를 보내리니 그가 내 앞에서 길을 예비할 것이요 또 너희의 구하는 바 주가 홀연히 그 전에 임하리니 곧 너희의 사모하는 바 언약의 사자가 임할 것이라 2 그의 임하는 날을 누가 능히 당하며 그의 나타나는 때에 누가 능히 서리요 그는 금을 연단하는 자의 불과 표백하는 자의 잿물과 같을 것이라 3 그가 은을 연단하여 깨끗케 하는 자같이 앉아서 레위 자손을 깨끗케 하되 금, 은같이 그들을 연단하리니 그들이 의로운 제물을 나 여호와께 드릴 것이라"(말3:1-3)

하나님께서 구원받은 자들을 금과 은같이 연단(鍊鍛)하시는 것은 그들이 의로운 제물을 드리도록 하기 위함입니다. 구원받은 자 속에 있는 온갖 더러운 죄와 허물을 성령의 불로 소멸(燒滅)하시고 그들이 하나님께 하나님이 기뻐하시는 거룩한 산 제사를 드리게 하십니다. 거룩한 산 제사는 믿는 자의 몸을 드리는 것입니다. 하나님이 기뻐 받으시는 몸은 죄가 하나도 없는 그리스도가 된 믿는 자들의 몸입니다. 이것이 우리의 드릴 영적 예배입니다.

——— "그러므로 형제들아 내가 하나님의 모든 자비하심으로 너희를 권하노니 너희 몸을 하나님이 기뻐하시는 거룩한 산 제사

로 드리라 이는 너희의 드릴 영적 예배니라"(롬12:1)

구원받은 자들이 성령의 불로 자기 속에 있는 악한 죄와 허물을 다 처리하면 상급을 얻지만 남겨 놓게 되면 불에 들어가서 해를 입게 됩니다. 여기에는 예외가 없습니다. 하나님은 절대로 죄와 함께할 수 없는 분입니다. 구원받은 자는 영원한 불에 들어가지는 않지만 들어갔다가 나올 수도 있습니다. 기회가 있을 때(육체를 입고 사는 동안) 자기 속에 있는 죄들을 성령의 불로 다 처리하지 못하면 불에 들어가서 고통을 받고 나와야 합니다. 구원받은 자들은 영원한 불에 들어가지 않지만 구원받지 못한 자들이 들어가는 불못이 있습니다.

"10 또 저희를 미혹하는 마귀가 불과 유황 못에 던지우니 거기는 그 짐승과 거짓 선지자도 있어 세세토록 밤낮 괴로움을 받으리라 11 또 내가 크고 흰 보좌와 그 위에 앉으신 자를 보니 땅과 하늘이 그 앞에서 피하여 간데없더라 12 또 내가 보니 죽은 자들이 무론 대소하고 그 보좌 앞에 섰는데 책들이 펴 있고 또 다른 책이 펴졌으니 곧 생명책이라 죽은 자들이 자기 행위를 따라 책들에 기록된 대로 심판을 받으니 13 바다가 그 가운데서 죽은 자들을 내어 주고 또 사망과 음부도 그 가운데서 죽은 자들을 내어 주매 각 사람이 자기의 행위대로 심판을 받고 14 사망과 음부도 불못에 던지우니 이것은 둘째 사망 곧 불못이라 15 누구든지 생명책에 기록되지 못한 자는 불못에 던지우더라"(계20:10-15)

생명책에 기록되지 못한 자들은 다 불못에 던진다고 했는데 이것이 둘째 사망 곧 불못이라고 했습니다. 마귀가 불과 유황 못에 던지는데 거기는 그 짐승과 거짓 선지자도 있다고 했습니다. 교회를 다녀도 하나님 아버지의 생명을 얻지 못한 자들은 다 불못에 들어갑니다.

> "5 보좌에 앉으신 이가 가라사대 보라 내가 만물을 새롭게 하노라 하시고 또 가라사대 이 말은 신실하고 참되니 기록하라 하시고 6 또 내게 말씀하시되 이루었도다 나는 알파와 오메가요 처음과 나중이라 내가 생명수 샘물로 목마른 자에게 값없이 주리니 7 이기는 자는 이것들을 유업으로 얻으리라 나는 저의 하나님이 되고 그는 내 아들이 되리라 8 그러나 두려워하는 자들과 믿지 아니하는 자들과 흉악한 자들과 살인자들과 행음자들과 술객들과 우상 숭배자들과 모든 거짓말하는 자들은 불과 유황으로 타는 못에 참예하리니 이것이 둘째 사망이라"(계21:5-8)

교회 안에 이기는 자가 되어서 하나님의 나라를 유업으로 얻는 하나님의 아들들이 있고 믿지 않으므로 불과 유황으로 타는 못 곧 둘째 사망에 들어가는 자들이 있습니다. 누구든지 하나님 아버지의 생명을 얻지 못한 자들 곧 생명책에 기록되지 못한 자들은 둘째 사망 곧 불못에 들어갑니다.

《 4 》

말씀으로 거듭납니다

하나님의 살아 있고 항상 있는 말씀으로 거듭나야 합니다. 하나님
의 살아 있고 항상 있는 말씀은 태초부터 계신 생명의 말씀이요, 말씀
이 육신이 되신 바로 그 말씀입니다.

> "너희가 거듭난 것이 썩어질 씨로 된 것이 아니요 썩지 아니할
> 씨로 된 것이니 하나님의 살아 있고 항상 있는 말씀으로 되었
> 느니라"(벧전1:23)
>
> "1 태초부터 있는 생명의 말씀에 관하여는 우리가 들은 바요
> 눈으로 본 바요 주목하고 우리 손으로 만진 바라 2 이 생명이
> 나타내신 바 된지라 이 영원한 생명을 우리가 보았고 증거하
> 여 너희에게 전하노니 이는 아버지와 함께 계시다가 우리에
> 게 나타내신 바 된 자니라"(요일1:1-2)
>
> "말씀이 육신이 되어 우리 가운데 거하시매 우리가 그 영광을
> 보니 아버지의 독생자의 영광이요 은혜와 진리가 충만하더
> 라"(요1:14)

예수님은 말씀이 육신이 되신 분입니다. 말씀이 육신이 되었다는 것은 무엇을 말하는 것입니까? 말씀이라는 존재가 있었는데 그 말씀이 사람이 되셨다고 잘못 알고 있는 기독교인들이 정말 많습니다. 말씀을 잘못 알고 믿게 된 이유는 하나님의 아들 예수님에 대해서 잘못 알고 있기 때문입니다. 아타나시우스의 존재론적 삼위일체 삼신관 교리 안에 있는 자들은 성자 예수님이 자체로 존재하고 영원부터 계셨고 스스로 하나님이라고 믿고 있습니다.

아타나시우스의 삼위일체 신조 44 (부록 참조)

7. 성부와 성자와 성령은 그 자체로 존재한다.

19. 우리는 이 각각의 세 분이 그 스스로 하나님이시요, 주님이시라는 사실을 기독교의 진리로 받는 바이다.

25. 이 삼위일체에 있어서 어느 한 분이 앞서거나 뒤에 계신 것이 아니며, 더 위대하거나 덜 위대한 분도 없다.

26. 다만 세 분이 함께 동등하다는 것이다.

어떻게 아들이 자체로 존재하며 아버지와 아들이 동등할 수 있습니까? 성경과 전혀 맞지 않는 잘못된 교리에 의해 예수님을 바로 알지 못하므로 구원을 받을 수 없게 되어 버렸습니다. 아버지와 아들은 생명의 관계입니다. 하나님 아버지와 예수님의 관계도 마찬가지입니다. 예수님에게 생명을 주신 분이 하나님 아버지이시고 그 생명을 받아서 예수님은 아들이 되셨습니다.

―――　"아버지께서 자기 속에 생명이 있음같이 아들에게도 생명을

주어 그 속에 있게 하셨고"(요5:26)

"또한 이와 같이 그리스도께서 대제사장 되심도 스스로 영광을 취하심이 아니요 오직 말씀하신 이가 저더러 이르시되 너는 내 아들이니 내가 오늘날 너를 낳았다 하셨고"(히5:5)

아버지께서 자기 속에 생명이 있음같이 아들에게 생명을 주셨고 아버지가 아들을 낳았다고 분명히 말씀하고 있습니다. 성경 어디에도 자체로 존재하고 스스로 계시는 아들은 없습니다. 오직 아버지만 자체로 존재하고 스스로 계시는 분입니다.

—— "1 태초에 말씀이 계시니라 이 말씀이 하나님과 함께 계셨으니 이 말씀은 곧 하나님이시니라 2 그가 태초에 하나님과 함께 계셨고 3 만물이 그로 말미암아 지은 바 되었으니 지은 것이 하나도 그가 없이는 된 것이 없느니라 4 그 안에 생명이 있었으니 이 생명은 사람들의 빛이라"(요1:1-4)

태초에 말씀이 하나님과 함께 계셨다고 했을 때 말씀은 하나님 속에 계셨습니다. 잘못된 교리 안에 있는 사람들은 말씀을 오해해서 하나님이 계시는데 또 그 옆에 말씀 하나님이 계신다고 믿는 것입니다. 말씀이라는 존재가 따로 있는 것이 아닙니다. 아버지 속에 있는 생명에서 나온 생각이 입을 통하여 말을 하면 이것을 말씀이라고 합니다. 말씀은 말의 높임입니다. 하나님보다 더 높으신 분이 없고 위에 계신 분이 없으므로 하나님의 말은 곧 하나님의 말씀입니다.

—— "너희가 거절하여 배반하면 칼에 삼키우리라 여호와의 입의

말씀이니라" (사1:20)

"여호와의 영광이 나타나고 모든 육체가 그것을 함께 보리라 대저 여호와의 입이 말씀하셨느니라" (사40:5)

"네가 여호와의 안에서 즐거움을 얻을 것이라 내가 너를 땅의 높은 곳에 올리고 네 조상 야곱의 업으로 기르리라 여호와의 입의 말이니라" (사58:14)

사람의 말은 사람의 생명 안에 있는 생각이 입을 통하여 나오는 것입니다. 하나님도 마찬가지입니다. 그래서 기록된 하나님의 말씀을 여호와의 입의 말씀이라고 한 것입니다. 하나님은 살아 계시므로 생명이 있고 생명 안에는 많은 생각이 있습니다.

— "여호와여 주의 행사가 어찌 그리 크신지요 주의 생각이 심히 깊으시니이다" (시92:5)

"17 하나님이여 주의 생각이 내게 어찌 그리 보배로우신지요 그 수가 어찌 그리 많은지요 18 내가 세려고 할지라도 그 수가 모래보다 많도소이다 내가 깰 때에도 오히려 주와 함께 있나이다" (시139:17-18)

하나님의 생각이 심히 깊으시며 보배와 같고 그 수가 모래보다 많다고 했습니다. 그 생각 중에서 여호와의 입으로 말씀하신 것을 선지자들이 듣고 기록한 것이 바로 성경입니다.

— "6 이는 한 아기가 우리에게 났고 한 아들을 우리에게 주신 바 되었는데 그 어깨에는 정사를 메었고 그 이름은 기묘자라, 모

사라, 전능하신 하나님이라, 영존하시는 아버지라, 평강의 왕
이라 할 것임이라 7 그 정사와 평강의 더함이 무궁하며 또 다
윗의 위에 앉아서 그 나라를 굳게 세우고 자금 이후 영원토록
공평과 정의로 그것을 보존하실 것이라 만군의 여호와의 열
심이 이를 이루시리라"(사9:6-7)
"그러므로 주께서 친히 징조로 너희에게 주실 것이라 보라 처
녀가 잉태하여 아들을 낳을 것이요 그 이름을 임마누엘이라
하리라"(사7:14)

　여호와 하나님이 한 아들을 주시는데 그 아들이 전능하신 하나님이
요, 영존하시는 아버지이시며 또 그 아들은 처녀가 잉태할 것이라고
미리 말씀하시고 말씀하신 그대로 이루셨습니다. 이것이 바로 말씀이
육신이 되신 것입니다. 그래서 예수님이 말씀이 육신이 되신 분이라
는 뜻은 아버지 속에 생명으로 계셨던 예수님이 우리와 똑같은 육체
를 입고 사람으로 오셨다는 것입니다. 믿는 자들이 하나님의 아들이
될 수 있는 이유는 예수님이 말씀이 육신이 되신 그 동일한 말씀으로
거듭나기 때문입니다. 믿는 자들은 반드시 태초부터 있는 생명의 말
씀으로, 생명의 말씀이 육신이 되신 그 말씀으로 거듭나야 합니다. 말
씀으로 거듭나야 하나님의 아들이 되고 구원을 받은 것입니다.

《 5 》

예수 그리스도의 죽은 자 가운데서
부활하심으로
우리를 거듭나게 하십니다

성령으로 거듭나고 말씀으로 거듭나는 것에 대하여는 존재론적 삼위일체 삼신관 교리 안에서 하나님을 세 분으로 믿는 사람들도 많이 들었고 또 목사들이 자주 설교하는 (비록 의미는 다를지라도) 내용입니다. 그런데 성경은 믿는 자들이 예수 그리스도의 죽은 자 가운데서 부활하심으로 거듭나야 한다고 또 말씀하고 있습니다.

——— "3 찬송하리로다 우리 주 예수 그리스도의 아버지 하나님이 그 많으신 긍휼대로 예수 그리스도의 죽은 자 가운데서 부활하심으로 말미암아 우리를 거듭나게 하사 산 소망이 있게 하시며 4 썩지 않고 더럽지 않고 쇠하지 아니하는 기업을 잇게 하시나니 곧 너희를 위하여 하늘에 간직하신 것이라" (벧전1:3-4)

성령으로 거듭나고 말씀으로 거듭나고 부활하심으로 거듭나는 것은 같습니다. 곧 성령과 말씀과 부활이 다르지 않다는 뜻입니다. 만약 성령과 말씀과 예수 그리스도의 죽은 자 가운데서 부활하심으로 거듭나는 것이 다르다면 성령으로 두 번 나고 말씀으로 세 번 나고 예수 그리스도의 죽은 자 가운데서 부활하심으로 네 번 난다고 해야 할 것입니다. 그러나 성경에 거듭나는 말씀은 있어도 세 번 나고 네 번 나는 말씀은 없습니다. 그럼 예수 그리스도의 죽은 자 가운에서 부활하심이 어떻게 우리를 거듭나게 하실까요? 이것을 알려면 먼저 죽은 자에 대해서 알아야 합니다. 보통 '죽음'이라는 말을 듣고 가장 먼저 생각하게 되는 것은 육체의 죽음입니다. 그러나 성경이 말씀하는 죽음은 육체가 아니라 영혼이 죽는 것입니다.

———   "모든 영혼이 다 내게 속한지라 아비의 영혼이 내게 속함같이
　　　 아들의 영혼도 내게 속하였나니 범죄하는 그 영혼이 죽으리라"
　　　 (겔18:4)

범죄하는 자들의 영혼이 죽는다고 했습니다.

———   "16 여호와 하나님이 그 사람에게 명하여 가라사대 동산 각종
　　　 나무의 실과는 네가 임의로 먹되 17 선악을 알게 하는 나무의
　　　 실과는 먹지 말라 네가 먹는 날에는 정녕 죽으리라 하시니라"
　　　 (창2:16-17)

여호와 하나님이 아담에게 선악을 알게 하는 나무의 실과를 먹지 말라는 계명을 주셨는데 "네가 먹는 날에는 정녕 죽으리라"라고 말씀하셨습니다. 그런데 선악을 알게 하는 나무의 실과를 먹은 아담이 육체가 죽지 않고 영혼이 죽었습니다. 하나님이 보시기에 진짜 죽은 자는 영혼이 죽은 자입니다. 그래서 믿음의 결국은 영혼이 구원을 받는 것이라고 했습니다.

—— "믿음의 결국 곧 영혼의 구원을 받음이라"(벧전1:9)

영혼이 구원을 받아야 하는데 언제 구원을 받아야 합니까? 반드시 육체가 있는 동안에 구원을 받아야 합니다.

—— "21 제자 중에 또 하나가 가로되 주여 나로 먼저 가서 내 부친을 장사하게 허락하옵소서 22 예수께서 가라사대 죽은 자들로 저희 죽은 자를 장사하게 하고 너는 나를 좇으라 하시니라"(마 8:21-22)

예수님의 제자 중 한 사람의 아비가 죽었는데 그 제자가 예수님께 와서 "내 부친을 장사하게 허락하옵소서"라고 하자 예수님께서 "죽은 자들로 저희 죽은 자를 장사하게 하고 너는 나를 좇으라"라고 말씀하셨습니다. 육체의 죽음을 맞은 자는 제자의 아버지인데 예수님은 죽은 자들로 저희 죽은 자를 장사하게 하라고 하셨습니다. 여기서 죽은 자들은 누구일까요? 예수님을 따르지 않는 자들, 예수님과 함께 하지 않는 자들은 다 죽은 자들입니다. 우리도 구원받기 전에는 다 죽은 자들이었습니다. 죄가 있는 사람은 다 죽은 자입니다. 죄의 삯은 사망이기 때문입니다. 오직 하나님 아버지의 생명을 받은 자만 산 자입니다.

—— "그러나 이제 그리스도께서 죽은 자 가운데서 다시 살아 잠자는 자들의 첫 열매가 되셨도다"(고전15:20)

그리스도께서 죽은 자 가운데서 다시 살아 잠자는 자들의 첫 열매가 되셨다고 했습니다. 하나님의 첫 열매가 아니고 잠자는 자들의 첫 열매입니다.

─── "49 아직 말씀하실 때에 회당장의 집에서 사람이 와서 말하되
당신의 딸이 죽었나이다 선생을 더 괴롭게 마소서 하거늘 50
예수께서 들으시고 가라사대 두려워 말고 믿기만 하라 그리
하면 딸이 구원을 얻으리라 하시고 51 집에 이르러 베드로와
요한과 야고보와 및 아이의 부모 외에는 함께 들어가기를 허
하지 아니하시니라 52 모든 사람이 아이를 위하여 울며 통곡
하매 예수께서 이르시되 울지 말라 죽은 것이 아니라 잔다 하
시니 53 저희가 그 죽은 것을 아는 고로 비웃더라 54 예수께
서 아이의 손을 잡고 불러 가라사대 아이야 일어나라 하시니
55 그 영이 돌아와 아이가 곧 일어나거늘 예수께서 먹을 것을
주라 명하신대" (눅8:49-55)

회당장의 딸이 죽었는데 예수님은 죽은 것이 아니라 잔다고 하셨습
니다. 죽었는데 잔다고 말씀하신 이유는 예수님이 살리실 것이기 때
문입니다.

─── "11 이 말씀을 하신 후에 또 가라사대 우리 친구 나사로가 잠
들었도다 그러나 내가 깨우러 가노라 12 제자들이 가로되 주
여 잠들었으면 낫겠나이다 하더라 13 예수는 그의 죽음을 가
리켜 말씀하신 것이나 저희는 잠들어 쉬는 것을 가리켜 말씀
하심인 줄 생각하는지라 14 이에 예수께서 밝히 이르시되 나
사로가 죽었느니라" (요11:11-14)

나사로가 죽었을 때에도 예수님은 나사로가 잠들었다고 하셨습니다. 예수님이 가셔서 나사로를 살리실 것이기 때문입니다. 잠자는 자는 죽었으나 그리스도가 오셔서 다시 살리실 자들을 말합니다. 잠자는 자들에게 그리스도를 첫 열매로 주셔서 그들도 그리스도와 똑같이 첫 열매가 되게 하십니다.

— "이뿐 아니라 또한 우리 곧 성령의 처음 익은 열매를 받은 우리까지도 속으로 탄식하여 양자될 것 곧 우리 몸의 구속을 기다리느니라"(롬8:23)
"그가 그 조물 중에 우리로 한 첫 열매가 되게 하시려고 자기의 뜻을 좇아 진리의 말씀으로 우리를 낳으셨느니라"(약1:18)

그리스도께서 죽은 자 가운데서 다시 사신 것이 부활입니다. 그런데 부활에 대한 믿음이 잘못되어서 아담으로부터 예수님까지 전 인류가 죽었는데 예수님만 다시 살아나신 것을 부활이라고 알고 믿는 것이 현재 기독교인들의 믿음입니다. 이렇게 믿는 부활은 100% 예수님의 육체의 부활을 믿는 것입니다. 예수님이 육체로 다시 부활하셨다면 하나님의 아들은 한 사람도 나올 수가 없습니다. 그리스도가 믿는 자 안에 들어오셔야 믿는 자들이 하나님의 아들이 되는데 그리스도가 믿는 자 안으로 오실 수 없기 때문입니다. 예수님은 믿는 자 안으로 들어오시려고 자기 몸과 육체를 십자가에서 버리셨습니다.

— "내가 그리스도와 함께 십자가에 못 박혔나니 그런즉 이제는 내가 산 것이 아니요 오직 내 안에 그리스도께서 사신 것이라 이제 내가 육체 가운데 사는 것은 나를 사랑하사 나를 위하여

자기 몸을 버리신 하나님의 아들을 믿는 믿음 안에서 사는 것
이라"(갈2:20)

십자가에서 자기 몸을 버리신 하나님의 아들을 믿으라고 했습니다.

"10 여호와께서 그로 상함을 받게 하시기를 원하사 질고를 당
케 하셨은즉 그 영혼을 속건제물로 드리기에 이르면 그가 그
씨를 보게 되며 그 날은 길 것이요 또 그의 손으로 여호와의
뜻을 성취하리로다 11 가라사대 그가 자기 영혼의 수고한 것
을 보고 만족히 여길 것이라 나의 의로운 종이 자기 지식으
로 많은 사람을 의롭게 하며 또 그들의 죄악을 친히 담당하리
라 12 이러므로 내가 그로 존귀한 자와 함께 분깃을 얻게 하
며 강한 자와 함께 탈취한 것을 나누게 하리니 이는 그가 자
기 영혼을 버려 사망에 이르게 하며 범죄자 중 하나로 헤아림
을 입었음이라 그러나 실상은 그가 많은 사람의 죄를 지며 범
죄자를 위하여 기도하였느니라 하시니라"(사53:10-12)

예수님의 영혼이 속건제물로 드려졌고 자기 영혼을 버려 사망에 이
르렀다고 했습니다. 예수님은 육체만 십자가에서 죽은 것이 아니라
영혼까지 죽었습니다.

"그리스도께서도 한 번 죄를 위하여 죽으사 의인으로서 불의
한 자를 대신하셨으니 이는 우리를 하나님 앞으로 인도하려
하심이라 육체로는 죽임을 당하시고 영으로는 살리심을 받으
셨으니"(벧전3:18)

십자가에서 영혼과 육체까지 다 죽임을 당하신 예수님을 아버지가 살리셨는데 육체는 그대로 죽임을 당하시고 영으로 살리심을 받으셨다고 했습니다. 예수님은 스스로 살아나신 것이 아니라 아버지가 살리셨습니다.

— "예수를 죽은 자 가운데서 살리신 이의 영이 너희 안에 거하시면 그리스도 예수를 죽은 자 가운데서 살리신 이가 너희 안에 거하시는 그의 영으로 말미암아 너희 죽을 몸도 살리시리라"
(롬8:11)

예수를 죽은 자 가운데서 살리신 이의 영이 믿는 자 안에 거하시면 그의 영으로 믿는 자의 죽을 몸까지도 살리신다고 했습니다. 그리스도께서 죽은 자 가운데서 다시 사셨다는 것은 죄로 죽은 자 안에 그리스도께서 들어와 생명이 되신 것을 말합니다. 자기 몸을 버리신 그리스도께서 믿는 자 안에 들어오셔서 믿는 자의 몸에 사시면 이것이 그리스도의 몸의 부활입니다. 그래서 그리스도가 안에 사시는 믿는 자들이 그리스도의 몸이 되는 것입니다.

— "너희는 그리스도의 몸이요 지체의 각 부분이라"(고전12:27)
"22 또 만물을 그 발 아래 복종하게 하시고 그를 만물 위에 교회의 머리로 주셨느니라 23 교회는 그의 몸이니 만물 안에서 만물을 충만케 하시는 자의 충만이니라"(엡1:22-23)

교회는 그리스도의 몸입니다. 교회는 구원받아 그리스도의 지체(肢體)가 된 사람들이 모인 곳입니다. 그리스도의 몸이 된 사람들은 그리스도입니다. 그리스도와 그리스도의 몸이 다르지 않습니다. 그리스도 께서 죽은 자 가운데서 부활하심으로 우리를 거듭나게 하신 것은 그 리스도가 믿는 나의 생명이 되셔서 내가 그리스도가 되어 다시 사는 것입니다.

영의 구원과
몸의 구원

영의 구원은 오직 믿음으로 받는 은혜의 선물입니다

구원은 믿는 자들에게 값없이 주시는 하나님의 선물입니다. 그래서 구원은 하나님의 은혜입니다.

> "23 모든 사람이 죄를 범하였으매 하나님의 영광에 이르지 못하더니 24 그리스도 예수 안에 있는 구속으로 말미암아 하나님의 은혜로 값없이 의롭다 하심을 얻은 자 되었느니라"(롬 3:23-24)
>
> "너희가 그 은혜를 인하여 믿음으로 말미암아 구원을 얻었나니 이것이 너희에게서 난 것이 아니요 하나님의 선물이라"(엡2:8)

구원은 무엇을 하고 받는 대가(代價)가 아닙니다. 한 것이 아무것도 없이 오직 하나님의 은혜로 값없이 받는 것입니다. 구원을 받기 위해 우리가 준비할 것은 없지만 하나님이 요구하시는 한 가지가 있는데 그것은 우리의 믿음입니다. 믿음이 없이는 하나님을 기쁘시게 할 수 없습니다. (히11:6)

— "26 너희가 다 믿음으로 말미암아 그리스도 예수 안에서 하나
님의 아들이 되었으니 27 누구든지 그리스도와 합하여 세례
를 받은 자는 그리스도로 옷 입었느니라"(갈3:26-27)

믿음으로 말미암아 그리스도 예수 안에서 하나님의 아들이 되는 것
이 구원입니다. 그리스도와 합하여 세례를 받은 자가 그리스도로 옷
입었다고 했습니다. 믿음으로 그리스도 예수 안에 어떻게 들어갑니
까? 그리스도와 합하여 세례를 받은 자가 어떻게 그리스도로 옷 입습
니까?

— "3 무릇 그리스도 예수와 합하여 세례를 받은 우리는 그의 죽
으심과 합하여 세례받은 줄을 알지 못하느뇨 4 그러므로 우
리가 그의 죽으심과 합하여 세례를 받음으로 그와 함께 장사
되었나니 이는 아버지의 영광으로 말미암아 그리스도를 죽은
자 가운데서 살리심과 같이 우리로 또한 새 생명 가운데서 행
하게 하려 함이니라"(롬6:3-4)

그리스도 예수와 합하여 세례를 받은 자는 그의 죽으심과 합하여
세례를 받음으로 그와 함께 장사되었다고 했습니다. 믿음으로 그리스
도와 함께 십자가에 못 박힘으로 그리스도 예수 안에 들어갈 수 있습
니다. 이 믿음을 가진 사람이 그리스도로 옷 입은 사람입니다. 오늘날
복음이 잘못 전해져서 예수님이 세상 모든 죄를 위하여 십자가에 달
려 죽으신 사실을 믿으면 죄 사함받고 구원받는다고 믿고 있습니다.
이렇게 믿는 사람들은 한 사람도 구원받을 수 없습니다. 반드시 그리
스도와 함께 죽었다고 믿는 사람만 구원받을 수 있습니다. 그리스도

와 함께 죽은 자만 함께 살 수 있기 때문입니다.

"6 우리가 알거니와 우리 옛 사람이 예수와 함께 십자가에 못
박힌 것은 죄의 몸이 멸하여 다시는 우리가 죄에게 종노릇하
지 아니하려 함이니 7 이는 죽은 자가 죄에서 벗어나 의롭다
하심을 얻었음이니라 8 만일 우리가 그리스도와 함께 죽었으
면 또한 그와 함께 살 줄을 믿노니 9 이는 그리스도께서 죽은
자 가운데서 사셨으매 다시 죽지 아니하시고 사망이 다시 그
를 주장하지 못할 줄을 앎이로라 10 그의 죽으심은 죄에 대하
여 단번에 죽으심이요 그의 살으심은 하나님께 대하여 살으
심이니 11 이와 같이 너희도 너희 자신을 죄에 대하여는 죽은
자요 그리스도 예수 안에서 하나님을 대하여는 산 자로 여길
지어다"(롬6:6-11)

"1 너희의 허물과 죄로 죽었던 너희를 살리셨도다 2 그때에 너
희가 그 가운데서 행하여 이 세상 풍속을 좇고 공중의 권세 잡
은 자를 따랐으니 곧 지금 불순종의 아들들 가운데서 역사하
는 영이라 3 전에는 우리도 다 그 가운데서 우리 육체의 욕심
을 따라 지내며 육체와 마음의 원하는 것을 하여 다른 이들과
같이 본질상 진노의 자녀이었더니 4 긍휼에 풍성하신 하나님
이 우리를 사랑하신 그 큰 사랑을 인하여 5 허물로 죽은 우리
를 그리스도와 함께 살리셨고 (너희가 은혜로 구원을 얻은 것이라)"(엡
2:1-5)

우리를 그리스도와 함께 살리신 것이 우리가 은혜로 구원을 얻은
것입니다. 그리스도와 함께 살리심을 받은 자들은 그리스도와 함께

죽은 자들입니다. 그래서 그리스도와 함께 살려면 반드시 먼저 함께
죽어야 합니다. 하나님께서 믿는 자들을 그리스도와 함께 살리시는
방법은 그리스도를 믿는 자의 생명이 되게 하시는 것입니다. 믿는 자
의 생명이 되시는 그리스도는 믿는 자의 영에 들어오시는 그리스도입
니다.

    "9 만일 너희 속에 하나님의 영이 거하시면 너희가 육신에 있
    지 아니하고 영에 있나니 누구든지 그리스도의 영이 없으면
    그리스도의 사람이 아니라 10 또 그리스도께서 너희 안에 계
    시면 몸은 죄로 인하여 죽은 것이나 영은 의를 인하여 산 것
    이니라"(롬8:9-10)

그리스도께서 믿는 자 안에 계시면 몸은 죄로 인하여 죽은 것이나
영은 의를 인하여 살았다고 했습니다. 그리스도께서 믿는 자의 영에
들어오시면 하나님의 의(義)이신 그리스도로 말미암아 영이 살게 됩
니다. 믿는 자의 영이 그리스도로 말미암아 산 것이 은혜로 구원을 얻
은 것입니다.

    "11 예수를 죽은 자 가운데서 살리신 이의 영이 너희 안에 거
    하시면 그리스도 예수를 죽은 자 가운데서 살리신 이가 너희
    안에 거하시는 그의 영으로 말미암아 너희 죽을 몸도 살리시
    리라 12 그러므로 형제들아 우리가 빚진 자로되 육신에게 져
    서 육신대로 살 것이 아니니라 13 너희가 육신대로 살면 반드
    시 죽을 것이로되 영으로써 몸의 행실을 죽이면 살리니"(롬
    8:11-13)

반드시 영이 먼저 구원을 받고 다음에 몸이 구원을 받습니다. 영이 구원을 받는 것은 오직 믿음으로, 은혜로 받는 구원이므로 선물입니다. 그러나 영으로써 죽은 몸을 살리는 것은 상급입니다. 몸이 살려면 몸의 행실을 죽이라고 했습니다. 영으로써 몸의 행실을 죽이면 산다는 조건이 붙었으므로 은혜가 아닙니다. 몸의 행실을 죽이는 일을 한 사람의 몸이 사는 것입니다. 그래서 영이 구원을 받는 것은 선물이지만 몸이 구원을 받는 것은 상급(賞給)입니다.

2

몸의 구원은 일한 대로 받는
유업의 상입니다

영이 구원을 받고 다음에 몸이 구원을 받는다고 한 것은 구원을 두 번 받는다거나 따로 있다는 뜻이 아닙니다. 이것은 순서를 말하는 것입니다. 영이 먼저 구원을 받아야 영으로써 몸의 행실을 죽이므로 몸이 살 수 있기 때문입니다. 하나님께서 흙으로 사람을 지으셨습니다.

— "여호와 하나님이 흙으로 사람을 지으시고 생기를 그 코에 불어넣으시니 사람이 생령이 된지라"(창2:7)

흙에 생기(生氣)를 불어넣으시니 사람이 생령(生靈)이 되었다고 했습니다. 이때 하나님이 사람에게 주신 생기가 바로 영혼입니다. 믿음의 결국은 영혼이 구원을 받는 것이라고 말씀하고 있습니다. (벧전1:9) 그런데 영으로 죽을 몸을 살리는 몸의 구원을 또 말씀하고 있습니다. (롬8:11) 영의 구원과 몸의 구원을 알려면 먼저 사람의 본질은 어떻게 구성되어 있는가를 알아야 합니다. 하나님이 어떻게 사람을 지으셨는지 정확하게 알 필요가 있습니다.

삼분설[三分說, trichotomy]

인간의 본질적인 구성 요소에 대한 견해로서, 영어 trichotomy는 헬라어의 '셋으로'와 '나누다, 베다'란 단어를 결합한 표현에서 유래한 것이다. 즉, 인간은 '몸'(身體, body)과 '혼'(魂, soul)과 '영'(靈, spirit) 등 세 요소로 이뤄졌다고 본다.

여기서 ①'몸'은 헬라어로 '소마'로서, 물질적 요소이며 인간의 본능적인 욕구(식욕, 성욕, 수면욕 등)와 관련되고, ②'혼'은 헬라어로 프슈케로서, 정신적 요소이며 지성과 감정과 의지 및 지식, 명예, 사랑, 우정, 친교 등 '자아'를 이루는 요소에 관여한다. ③'영'은 헬라어로 프뉴마로서, 하나님과 교통하는 기관이며, 영적인 일, 직관, 양심, 영원한 것을 추구하는 것 등과 관련되어 있다. **인간이 죽을 때에 몸은 흙으로 돌아가고, 혼은 없어지며, 영은 부활 때 몸과 결합하기 위해 남는다고 한다.** 이에 대한 성경적 근거로는 창세기 2:7의 '생기'라는 표현이 있는데, 히브리어 원문에서 복수형으로 쓰였고, 이는 결국 영과 혼의 실재를 암시한다.

한편, 삼분설의 상당 부분은 헬라의 형이상학과 중세의 스콜라주의(scholasticism)의 영향을 받은 것인 동시에 그 토대는 일부 성경 구절들에서 근거를 찾고 있다(살전5:23; 히4:12; 고전2:14-3:4). 삼분설은 교회사 초기의 알렉산드리아 교부들(클레멘트, 오리겐 등) 사이에서 특히 널리 퍼져 있었다. 후에 2분설(二分說)을 취하는 학자들(어거스틴, 터툴리안 등)에 의해 비판을 받았으나 근대 이후, 특히 독일의 신학자들 사이에서 이 학설의 지지자들이 많이 나왔다.

[출처: 교회용어사전]

이분설[二分說, dichotomy]

인간의 본질적 구성 요소에 대한 견해로서, 인간이 물질적 요소인 '몸'과 비물질적 요소인 '영'(또는 '혼', '영혼')으로 구성되어 있다고 본다(전12:7; 마6:25; 10:28; 고전5:3,5). 여기서 '영'과 '혼'은 인간의 두 가지 다른 요소를 의미하는 것이 아니라 한 영적 실체를 나타내기 위해 두 가지 다른 견지에서 사용된 것으로 '영'은 '혼'의 영적 존재양식을 나타내거나 '혼'과 마찬가지로 몸을 가진 인간 자신을 뜻하기도 한다. 물론, **'몸'과 '영'이 둘은 완전히 결합되어 있으므로 죽음을 통해서만 나누어진다.**

영혼이 하나님의 창조물인 것과 마찬가지로 육체도 선하게 창조된 귀중한 요소이다. 따라서 육체를 악한 것으로 보는 영지주의(gnosticism)의 주장은 잘못이다. 이분설은 교회사 초기시대부터 제안되었으며 381년 콘스탄티노플 회의 이후에 점차 더 인기를 얻다가 마침내는 교회의 보편적인 교리가 되었다.

이분설의 성경적 근거는 ① 몸과 구분되는 표현들 즉 '생기', '기운' 등은 모두 이분설을 지지한다(창2:7; 욥27:3; 32:8). ② 인간의 영 또는 영혼이 하나님의 영으로부터 창조되었다(슥12:1; 고전2:11; 히12:9). ③ 인간의 영(혼)이 그 거처가 되는 몸과 구분된다(창35:18; 약2:26). ④ 성경은 영과 혼이란 용어를 구분 없이 사용한다(창41:8; 시42:6; 요12:27). 결국 이분설을 따를 때 혼과 영은 별개가 아니고 한 존재에 대한 두 명칭임을 알 수 있다.

한편, 이분설의 논증은 삼분설이 근거로 삼는 성경 구절을 이렇게 해석한다. 즉, 데살로니가전서 5장 23절(영, 혼, 몸)과 히브리서 4장 12절(혼, 영, 관절과 골수, 마음의 생각과 뜻)에 나오는 개별적 표현이 독립된 실재를 뜻하는 것이라 해석한다면 성경의 다른 구절을 이해하는 데 어려움이 발생한다는 것이다. 즉, 누가복음 10장 27절에서 예수님은 "네 마음을 다하며 목숨을 다하며 힘을 다하며 뜻을 다하여 주 너의 하나님을 사랑하라"고 하셨는데, 여기서는 세 개의 실재가 아닌 네 개의 실재가 등장한다. 그리고 이 네 개의 실재는 데살로니가전서 5장 23절 등에 나오는 세 개의 실재와 일치하지 않는다. 또 영과 혼은 종종 동의어로 사용된다(눅1:46-47). '영'이 번민한다고도 하고(창41:8; 요8:21), '혼'이 번민한다고도 한다(시42:6; 요12:27). 그리고 때로 '혼'이란 단어는 인간의 자아 또는 생명과 동의어로 쓰이기도 한다(마6:25; 16:26).

[출처: 교회용어사전]

삼분설은 사람이 영과 혼과 몸으로 이뤄졌다고 보는 것이고 이분설은 물질에 속하지 않은 영혼과 물질에 속한 몸으로 이뤄졌다고 보는 것입니다. 삼분설과 이분설이 과거에도 그랬고 지금도 많은 논쟁을 불러일으키고 있습니다.

—— "평강의 하나님이 친히 너희로 온전히 거룩하게 하시고 또 너
희 온 영과 혼과 몸이 우리 주 예수 그리스도 강림하실 때에
흠없게 보전되기를 원하노라"(살전5:23)

데살로니가전서 5장 23절에서 주 예수 그리스도 강림하실 때에 온
영과 혼과 몸이 흠없게 보전되기를 원한다고 했습니다. 삼분설이나
이분설이나 몸에 대하여 죽음으로 흙으로 돌아가는 것이며 영과 분리
되는 것으로 설명을 했는데 이것은 성경과 맞지 않는 잘못된 견해입
니다. 성경은 우리의 몸이 흠없게 보전되기를 원한다고 했습니다. 죽
음으로 영혼과 분리되고 흙으로 돌아가는 것은 몸이 아니라 육입니
다. 삼분설을 주장하는 쪽이나 이분설을 주장하는 쪽 모두 한 가지 사
실을 간과(看過)하고 있습니다. 바로 육(肉)에 대한 것입니다. 몸과 육
에 대한 구별이 확실하지 않으면 몸의 구원에 대해서 성경대로 알기
가 어렵습니다. 몸과 육은 구분(區分)할 수 없지만 구별(區別)할 수는 있
습니다. 몸과 육은 사람이 살아 있을 때는 절대로 나눠지지 않지만 죽
음으로 몸과 육이 나눠지게 됩니다. 여기서 흙으로 돌아가는 것은 육
이고 보전되는 것은 몸입니다. 그래서 사람의 영(靈)에 형체가 있으므
로 영체(靈體)라고 하고 육(肉)도 육체(肉體)라고 하는 것입니다. 영은 형
체가 없다고 하는 사람들이 있는데 그들은 하나님이 영이시므로 형체
가 없다고 합니다. 그래서 하나님은 공기와 같이 천지에 충만하신 분
이라고 합니다. 만약 하나님이 형체가 없이 천지에 충만하신 분이라
면 살아 계신 하나님이 아닙니다. 생명은 반드시 형체 안에 있기 때문
입니다.

—— "26 하나님이 가라사대 우리의 형상을 따라 우리의 모양대로

우리가 사람을 만들고 그로 바다의 고기와 공중의 새와 육축과 온 땅과 땅에 기는 모든 것을 다스리게 하자 하시고 27 하나님이 자기 형상 곧 하나님의 형상대로 사람을 창조하시되 남자와 여자를 창조하시고"(창1:26-27)

하나님이 사람을 지으실 때 하나님의 형상을 따라 모양대로 지으셨습니다. 하나님이 형상(형체)이 없다면 사람은 어떤 형상을 따라 지어진 것입니까? 하나님이 영이시고 피조물인 천사도 영으로 지음을 받았으므로 영의 형체 곧 영체를 가지고 있어서 사람들이 볼 수 있도록 나타난 일이 성경 여러 곳에 기록되어 있습니다.

— "1 여호와께서 마므레 상수리 수풀 근처에서 아브라함에게 나타나시니라 오정 즈음에 그가 장막문에 앉았다가 2 눈을 들어 본즉 사람 셋이 맞은편에 섰는지라 그가 그들을 보자 곧 장막문에서 달려나가 영접하며 몸을 땅에 굽혀"(창18:1-2)
"20 여호와께서 또 가라사대 소돔과 고모라에 대한 부르짖음이 크고 그 죄악이 심히 중하니 21 내가 이제 내려가서 그 모든 행한 것이 과연 내게 들린 부르짖음과 같은지 그렇지 않은지 내가 보고 알려하노라 22 그 사람들이 거기서 떠나 소돔으로 향하여 가고 아브라함은 여호와 앞에 그대로 섰더니"(창18:20-22)

여호와 하나님이 천사 둘과 함께 아브라함에게 나타나신 일이 창세기 18장에 기록되어 있습니다. 하나님이 형상이 없다면 어떻게 아브라함에게 나타나시겠습니까? 여호와 하나님과 함께 온 두 사람은 창세기 19장에 소돔과 고모라를 멸하시려고 하나님이 보낸 천사였습니다. 천사가 영인데 사람의 모양으로 나타났습니다. 성경에 기록된 분명한 사실을 믿지 않으므로 하나님은 형상이 없다고 하는 잘못된 교리에 따라서 하나님을 잘못 믿는 자들은 구원을 받지 못합니다. 하나님이 형상이 없다고 믿는 자들은 한 사람도 구원받을 수 없습니다. 형상이 없는 하나님은 살아 계신 하나님이 아니라서 생명을 주실 수 없기 때문입니다. 하나님 아버지의 생명을 받아서 하나님의 친아들이 되는 것이 구원입니다. 영이신 하나님과 영으로 지음을 받은 천사도 영의 몸이 있습니다. 영계에서는 영을 볼 수 있지만 육체를 가진 사람은 영계에 속해 있지만 영을 볼 수는 없습니다. 육체가 흙으로 돌아가기 전까지는 영계를 볼 수도 없고 느낄 수도 없습니다. 특별히 은사 체험을 통해서 육체가 죽은 것은 아니지만 의식이 없는 상태에서 영혼(몸을 포함한)이 육에서 빠져나와 영계를 본 사람들이 있습니다. 그 간증을 들어 보면 육체에서 빠져나온 자기의 영혼이 침대에 누워 있는 자기의 육체를 봤다고 합니다. 영에도 몸이 있으므로 침대에 있는 육체와 육체에서 빠져나온 영혼의 몸이 있어서 형체가 둘이 있는 것입니다. 한 가지 특이한 점은 영혼의 몸이 보는 육체는 전혀 움직임이 없다는 것입니다. 생명이 영에 있기 때문입니다. 사람이 육체의 죽음으로 영혼과 몸과 육체가 분리되면 이 같은 현상을 다 경험하게 됩니다. 그래서 영과 혼과 몸은 영계에 속한 것이며 육만 물질에 속한 것입니다. 물론 사람이 육체를 가지고 있을 때는 절대로 나눠지지 않기 때문에 영과 혼과 몸과 육이 유기적으로 연결되어 있습니다. 이분설의 견해처럼 몸이 물질에 속한 것이 아니라 육이 물질에 속한 것입니다. 하나님이 지으신 세계를 크게 보면 영계(靈界)와 물질계(物質界)로 나눌 수 있습니다. 여기서 자연계(自然界)라고 하지 않고 물질계(物質界)

라고 한 것은 자연(自然)이라는 말에는 "스스로 그렇게 되었다"라는 뜻이 있어서 하나님이 모든 세계를 창조하셨음을 부정하기 때문입니다. 하나님이 천지를 창조하실 때 먼저 영계를 지으시고 영계 안에 물질계를 지으셨습니다. 이것을 모르는 목사들이 영계와 물질계를 분리된 세계로 알고 말씀을 전하면서 천국이 영계에 있으므로 죽어야 갈 수 있다고 전합니다. 잘못된 지식을 전달받은 교인들은 당연히 죽어서 천국에 간다고 믿고 교회 다니다가 다 지옥 불에 들어가게 됩니다. 영계와 물질계가 따로 있는 것이 아니고 영계 안에 물질계가 있다는 것을 예수님이 하신 말씀을 통해서 확인할 수 있습니다.

> "7 너희가 나를 알았더면 내 아버지도 알았으리로다 이제부터는 너희가 그를 알았고 또 보았느니라 8 빌립이 가로되 주여 아버지를 우리에게 보여 주옵소서 그리하면 족하겠나이다 9 예수께서 가라사대 빌립아 내가 이렇게 오래 너희와 함께 있으되 네가 나를 알지 못하느냐 나를 본 자는 아버지를 보았거늘 어찌하여 아버지를 보이라 하느냐 10 나는 아버지 안에 있고 아버지는 내 안에 계신 것을 네가 믿지 아니하느냐 내가 너희에게 이르는 말이 스스로 하는 것이 아니라 아버지께서 내 안에 계셔 그의 일을 하시는 것이라 11 내가 아버지 안에 있고 아버지께서 내 안에 계심을 믿으라 그렇지 못하겠거든 행하는 그 일을 인하여 나를 믿으라" (요14:7-11)

우리와 똑같은 육체를 가진 예수님은 분명 물질계에 속해 계셨는데 예수님 안에 영이신 아버지가 계신다고 했습니다. 영계 안에 물질계를 지으셨으므로 사람이신 예수님 안에 아버지가 계신 것입니다.

—— "20 바리새인들이 하나님의 나라가 어느 때에 임하나이까 묻
거늘 예수께서 대답하여 가라사대 하나님의 나라는 볼 수 있
게 임하는 것이 아니요 21 또 여기 있다 저기 있다고도 못하
리니 하나님의 나라는 너희 안에 있느니라"(눅17:20-21)

하나님의 나라가 사람 안에 있다고 예수님이 말씀하셨습니다. 이것
은 비유가 아닙니다. 실제로 하나님의 나라가 사람 속에 이루어집니
다. 하나님이 사람 안에 들어오시면 그 사람 속에는 하나님의 나라가
이루어진 것입니다.

사람의 육체가 살았을 때 몸과 육이 절대로 나눠지지 않는 것같이
영과 혼도 절대로 나눠지지 않습니다. 어떤 경우에도 영과 혼은 나눠
지지 않습니다. 그러나 각각 영이 가진 기능과 혼이 가진 기능이 있습
니다. 영의 구원과 몸의 구원을 확실하게 알려면 영과 혼과 몸(육)의
기능에 대해서 알아야 합니다.

| 영과 혼과 몸(육)의 기능적 분류 |

구분	기능	특징
영(靈)	교통, 직관, 양심	동물에게는 없음, 하나님(신)을 알 수 있도록 사람에게만 주심
혼(魂)	생각, 감정, 의지	영의 생각과 육의 생각을 내보내는 통로이며 사람의 시작부터 마지막까지 기록되는 CCTV의 저장장치와 같은 기능을 함, 사람이 기억하지 못하는 부분도 혼에 모두 기록되어 있어서 영계에서 누구도 핑계를 댈 수 없음
몸 [육(肉)]	시각, 청각, 후각, 미각, 촉각의 오감(五感)	몸과 육은 사람이 살아 있을 때 절대로 나눠지지 않지만 죽음으로 육은 흙으로 돌아가고 몸이 영계에 영혼과 함께 들어감

영의 기능은 교통과 직관과 양심입니다. 사람과 동물의 가장 큰 차이가 바로 영의 유무(有無)입니다. 동물에게는 영이 없으므로 하나님(신)을 알거나 찾거나 섬기거나 할 수가 없습니다. 동물 중에 지능이 뛰어나서 도구를 사용할 줄 아는 침팬지나 돌고래 같은 종류들이 종교를 가진다거나 신을 섬긴다는 증거나 연구나 기록이 지금까지 전혀 없습니다. 동물에게는 영이 없기 때문입니다. 동물에게도 혼이 있어서 생각, 감정, 의지가 있습니다. 그러나 동물의 혼은 육체와 함께 땅에서 소멸(消滅)됩니다.

> "19 인생에게 임하는 일이 짐승에게도 임하나니 이 둘에게 임하는 일이 일반이라 다 동일한 호흡이 있어서 이의 죽음같이 저도 죽으니 사람이 짐승보다 뛰어남이 없음은 모든 것이 헛됨이로다 20 다 흙으로 말미암았으므로 다 흙으로 돌아가나니 다 한 곳으로 가거니와 21 인생의 혼은 위로 올라가고 짐승의 혼은 아래 곧 땅으로 내려가는 줄을 누가 알랴"(전3:19-21)
> "흙은 여전히 땅으로 돌아가고 신은 그 주신 하나님께로 돌아가기 전에 기억하라"(전12:7)

인생의 혼과 짐승의 혼의 차이는 영의 유무(有無)입니다. 영과 혼은 절대로 나눠지지 않는데 짐승에게는 영 자체가 없으므로 혼이 육체와 함께 흙에서 소멸(消滅)되는 것이고 사람의 혼은 영이 함께 있는 영혼이라 위로 간다고 한 것입니다. 그래서 전도자 솔로몬이 "흙은 여전히 땅으로 돌아가고 신(영)은 그 주신 하나님께로 돌아간다"라고 한 것입니다. 여기서 솔로몬이 말한 신은 영을 말합니다. 사람이 바로 신이 되는 존재입니다.

"34 예수께서 가라사대 너희 율법에 기록한바 내가 너희를 신이라 하였노라 하지 아니하였느냐 35 성경은 폐하지 못하나니 하나님의 말씀을 받은 사람들을 신이라 하셨거든" (요10:34-35)

말씀을 받은 사람들을 신이라 하셨습니다. 영을 가진 사람만이 신이 될 수 있습니다. 하나님(그리스도)이 사람의 영에 들어오셔서 사람이 하나님이 됩니다. 다른 종교 특히 불교에서 말하는 윤회는 절대 있을 수 없습니다. 물질계에 속한 존재 중에 오직 사람만 영이 있어서 영계에 들어갑니다. 물론 영계에도 하나님이 계시는 곳이 있고 마귀가 있는 곳이 있습니다. 하나님 아버지의 생명을 받은 자들은 아버지가 계시는 곳에 가고 구원받지 못한 자들은 마귀가 있는 불과 유황으로 타는 못에 들어가게 됩니다.

혼의 기능은 생각, 감정, 의지입니다. 혼은 생각을 통해서 영에 속한 것과 육에 속한 것을 내어놓는 통로가 됩니다. 영의 생각이 혼을 통해 나올 때는 육의 생각이 나올 수가 없고 육의 생각이 혼을 통해 나올 때는 영의 생각이 나올 수가 없습니다. 두 가지가 동시에 나오는 경우는 절대 없습니다.

"3 율법이 육신으로 말미암아 연약하여 할 수 없는 그것을 하나님은 하시나니 곧 죄를 인하여 자기 아들을 죄 있는 육신의 모양으로 보내어 육신에 죄를 정하사 4 육신을 좇지 않고 그 영을 좇아 행하는 우리에게 율법의 요구를 이루어지게 하려 하심이니라 5 육신을 좇는 자는 육신의 일을, 영을 좇는 자는 영의 일을 생각하나니 6 육신의 생각은 사망이요 영의 생각은 생명과 평안이니라 7 육신의 생각은 하나님과 원수가 되나니 이는 하나님의 법에 굴복치 아니할 뿐 아니라 할 수도 없음이라 8 육신에 있는 자들은 하나님을 기쁘시게 할 수 없느니라" (롬8:3-8)

생각이 나오는 통로는 혼 하나인데 거기서 육신이 나올 때가 있고 영이 나올 때가 있습니다. 육신이 나오면 사망이요, 영이 나오면 생명과 평안입니다.

"16 내가 이르노니 너희는 성령을 좇아 행하라 그리하면 육체의 욕심을 이루지 아니하리라 17 육체의 소욕은 성령을 거스리고 성령의 소욕은 육체를 거스리나니 이 둘이 서로 대적함으로 너희의 원하는 것을 하지 못하게 하려 함이니라 18 너희가 만일 성령의 인도하시는 바가 되면 율법 아래 있지 아니하리라 19 육체의 일은 현저하니 곧 음행과 더러운 것과 호색과 20 우상 숭배와 술수와 원수를 맺는 것과 분쟁과 시기와 분냄과 당짓는 것과 분리함과 이단과 21 투기와 술 취함과 방탕함과 또 그와 같은 것들이라 전에 너희에게 경계한 것같이 경계하노니 이런 일을 하는 자들은 하나님의 나라를 유업으로 받지 못할 것이요 22 오직 성령의 열매는 사랑과 희락과 화평과 오래 참음과 자비와 양선과 충성과 23 온유와 절제니 이같은 것을 금지할 법이 없느니라 24 그리스도 예수의 사람들은 육체와 함께 그 정과 욕심을 십자가에 못 박았느니라 25 만일 우리가 성령으로 살면 또한 성령으로 행할지니 26 헛된 영광을 구하여 서로 격동하고 서로 투기하지 말지니라" (갈5:16-26)

육체의 소욕과 성령의 소욕이 구원받은 사람 안에서 서로 대적하는 일이 일어납니다. 이것은 구원받은 사람에게 반드시 일어나는 일입니다. 이 일이 없으면 구원받지 못한 것입니다. 이 둘이 곧 육체와 성령의 소욕이 서로 대적함으로 원하는 것을 하지 못하게 한다고 했습니다. 서로 자기의 원하는 것을 혼을 통해 내보내려고 하는 것입니다. 그래서 그리스도 예수의 사람들은 육체와 함께 그 정과 욕심을 십자가에 못 박았다고 했습니다. 육체의 소욕이 혼을 통해 나오지 못하도록 십자가에 못 박아 죽이라는 것입니다. 믿는 자의 혼에서 성령의 소욕만이 나오는 상태가 되면 이 사람은 이기는 자가 되어 유업을 얻게 됩니다.

"10 또 저희를 미혹하는 마귀가 불과 유황 못에 던지우니 거기는 그 짐승과 거짓 선지자도 있어 세세토록 밤낮 괴로움을 받으리라 11 또 내가 크고 흰 보좌와 그 위에 앉으신 자를 보니 땅과 하늘이 그 앞에서 피하여 간데없더라 12 또 내가 보니 죽은 자들이 무론 대소하고 그 보좌 앞에 섰는데 책들이 펴 있고 또 다른 책이 펴졌으니 곧 생명책이라 죽은 자들이 자기 행위를 따라 책들에 기록된 대로 심판을 받으니 13 바다가 그 가운데서 죽은 자들을 내어 주고 또 사망과 음부도 그 가운데서 죽은 자들을 내어 주매 각 사람이 자기의 행위대로 심판을 받고 14 사망과 음부도 불못에 던지우니 이것은 둘째 사망 곧 불못이라 15 누구든지 생명책에 기록되지 못한 자는 불못에 던지우더라"(계20:10-15)

혼의 가장 중요한 특징은 사람의 출생부터 죽음까지의 모든 일이 기록된다는 것입니다. 사람이 기억하지 못하는 부분까지도 혼에 다 기록이 됩니다. 요한계시록 20장에 기록된 죽은 자들이 받는 심판은 자기 행위를 따라 책들에 기록된 대로 심판을 받습니다. 여기서 자기 행위가 기록된 책이 바로 혼입니다. 책은 기록입니다. 시대에 따라서 파피루스, 양피지, 죽간, 종이 등에 새긴 것이 다 책입니다. 지금은 파일 형태로 존재하는 전자책이 있습니다. 그래서 죽은 자들이 자기 행위를 따라 책들에 기록된 대로 심판을 받는데 이 사람들은 영에 그리스도가 계시지 않는 자들입니다. 그리고 이 사람들은 생명책에 기록되지 못했다고 했는데 반대로 영에 그리스도가 들어와 생명이 된 사람들은 생명책이 된 사람들입니다. 그래서 책은 기록을 말하고 사람의 혼이 바로 모든 행위가 기록된 CCTV의 저장장치와 같은 역할을 하는 것입니다.

몸(육)의 기능은 오감(五感)입니다. 몸과 육은 사람이 살아 있을 때는 하나이지만 죽음으로 나눠지게 됩니다. 육은 흙으로 돌아가고 몸은 영혼과 함께 영계로 들어가게 됩니다. 그래서 구원받은 자들도 다 그리스도의 심판대 앞에서 그 몸을 따라 행한 것을 받게 됩니다.

―――   "이는 우리가 다 반드시 그리스도의 심판대 앞에 드러나 각각 선악간에 그 몸으로 행한 것을 따라 받으려 함이라"(고후5:10)

구원받은 뒤에 죄를 죄가 몸에 남아 있으면 처리하지 못한 것에 대해서 벌을 받게 됩니다. 몸에 있는 죄를 주님의 십자가로 처리하면 상급을 얻지만 남겨 놓으면 해를 받아야 합니다. 영계에서도 육체를 가지고 있을 때 느끼는 감각을 다 느낄 수 있습니다. 불과 유황으로 타는 못에 들어가는 자들도 몸이 있으므로 고통을 느끼고 천국에 들어가는 자들도 기쁨과 즐거움을 느낍니다.

"10 내게 주신 하나님의 은혜를 따라 내가 지혜로운 건축자와 같이 터를 닦아 두매 다른 이가 그 위에 세우나 그러나 각각 어떻게 그 위에 세우기를 조심할지니라 11 이 닦아 둔 것 외에 능히 다른 터를 닦아 둘 자가 없으니 이 터는 곧 예수 그리스도라 12 만일 누구든지 금이나 은이나 보석이나 나무나 풀이나 짚으로 이 터 위에 세우면 13 각각 공력이 나타날 터인데 그 날이 공력을 밝히리니 이는 불로 나타내고 그 불이 각 사람의 공력이 어떠한 것을 시험할 것임이니라 14 만일 누구든지 그 위에 세운 공력이 그대로 있으면 상을 받고 15 누구든지 공력이 불타면 해를 받으리니 그러나 자기는 구원을 얻되 불 가운데서 얻은 것 같으리라"(고전3:10-15)

그리스도라는 터가 닦아진 사람은 구원받은 사람입니다. 이 터 위에 각각 집을 지으면 그 공력을 불로 시험할 때가 오는데 공력이 불타는 사람은 해를 받고 공력이 그대로 있으면 상을 받습니다. 구원받은 사람들의 영의 몸이 해도 받고 상도 받는 것입니다. 그래서 몸의 구원은 상급입니다.

"저가 또 우리로 새 언약의 일군 되기에 만족케 하셨으니 의문으로 하지 아니하고 오직 영으로 함이니 의문은 죽이는 것이요 영은 살리는 것임이니라"(고후3:6)
"그리스도 예수의 사람들은 육체와 함께 그 정과 욕심을 십자가에 못 박았느니라"(갈5:24)

새 언약의 일꾼이 된 사람들이 해야 할 일은 자기 몸에 있는 죄, 곧 정과 욕심을 그리스도의 십자가에 다 못 박아 죽이는 것입니다. 이 일을 잘하면 상을 얻고 하지 않으면 해를 입게 됩니다.

—   "자녀이면 또한 후사 곧 하나님의 후사요 그리스도와 함께 한 후사니 우리가 그와 함께 영광을 받기 위하여 고난도 함께 받아야 될 것이니라"(롬8:17)
"23 이뿐 아니라 또한 우리 곧 성령의 처음 익은 열매를 받은 우리까지도 속으로 탄식하여 양자될 것 곧 우리 몸의 구속을 기다리느니라 24 우리가 소망으로 구원을 얻었으매 보이는 소망이 소망이 아니니 보는 것을 누가 바라리요 25 만일 우리가 보지 못하는 것을 바라면 참음으로 기다릴지니라"(롬8:23-25)

몸의 구속은 기다려야 합니다. 마냥 기다리라는 것이 아니라 새 언약의 일꾼이 되어서 일을 열심히 하므로 우리도 첫 열매이신 그리스도와 똑같은 하나님의 친아들이 되고 하나님의 후사가 되는 소망이 이루어지도록 참음으로 기다려야 합니다.

—   "6 너희가 아들인 고로 하나님이 그 아들의 영을 우리 마음 가운데 보내사 아바 아버지라 부르게 하셨느니라 7 그러므로 네가 이 후로는 종이 아니요 아들이니 아들이면 하나님으로 말미암아 유업을 이을 자니라"(갈4:6-7)

몸의 구원을 받은 자들이 하나님의 후사요, 하나님으로 말미암아 유업을 이을 자들입니다. 육의 몸이 있고 신령한 몸이 있습니다.

"42 죽은 자의 부활도 이와 같으니 썩을 것으로 심고 썩지 아니할 것으로 다시 살며 43 욕된 것으로 심고 영광스러운 것으로 다시 살며 약한 것으로 심고 강한 것으로 다시 살며 44 육의 몸으로 심고 신령한 몸으로 다시 사나니 육의 몸이 있은즉 또 신령한 몸이 있느니라" (고전15:42-44)

죽은 자의 부활이 잘못된 교리에 의해서 잘못 전해지므로 무덤에 들어간 육체가 다시 살아나는 것이 부활이라고 믿는 자들이 대부분입니다. 아버지 하나님의 생명이 없는 자가 죽은 자입니다. 이 죽은 자 속에 그리스도께서 들어와 다시 사시면 이 사람이 그리스도로 말미암아 부활한 사람입니다. (벧전1:3) 그래서 죽은 자의 부활은 썩을 것인 육의 몸으로 심어서 썩지 아니할 신령한 몸으로 다시 사는 것입니다. 육의 몸은 첫 사람 아담의 몸이요, 신령한 몸은 그리스도의 몸입니다. 우리가 언제 신령한 몸이 되는 것일까요? 죽은 다음 천국에 가면 될까요? 절대 그렇지 않습니다. 땅에서 하늘에 속한 자의 형상을 입어야 합니다. 옛사람이 예수와 함께 십자가에 못 박혀 죽는 것이 썩을 것인 육의 몸으로 심는 것이요, 그리스도가 믿는 자 안에 들어오셔서 믿는 자의 생명이 되시고 몸에 사시면 믿는 자의 몸이 썩지 아니할 신령한 몸이 되는 것입니다.

"45 기록된바 첫 사람 아담은 산 영이 되었다 함과 같이 마지막 아담은 살려 주는 영이 되었나니 46 그러나 먼저는 신령한 자가 아니요 육 있는 자요 그 다음에 신령한 자니라 47 첫 사람은 땅에서 났으니 흙에 속한 자이거니와 둘째 사람은 하늘에서 나셨느니라 48 무릇 흙에 속한 자는 저 흙에 속한 자들과 같고 무릇 하늘에 속한 자는 저 하늘에 속한 자들과 같으니 49 우리가 흙에 속한 자의 형상을 입은 것같이 또한 하늘에 속한 자의 형상을 입으리라"(고전15:45-49)

성경에는 육체가 죽은 다음에 이루어지는 말씀이 하나도 없습니다. 사람의 육체가 살아 있을 때 하나님의 모든 말씀이 사람을 통해서 이루어져야 합니다.

> "1 만일 땅에 있는 우리의 장막 집이 무너지면 하나님께서 지으신 집 곧 손으로 지은 것이 아니요 하늘에 있는 영원한 집이 우리에게 있는 줄 아나니 2 과연 우리가 여기 있어 탄식하며 하늘로부터 오는 우리 처소로 덧입기를 간절히 사모하노니 3 이렇게 입음은 벗은 자들로 발견되지 않으려 함이라"(고후5:1-3)

땅에 있는 우리의 장막 집이 무너지면 하나님께서 지으신 하늘에 있는 영원한 집이 있는데 우리가 그 집으로 가는 것이 아니라 그 집이 우리에게로 온다고 했습니다. 하늘로부터 오는 우리 처소는 그리스도입니다. 우리가 하나님의 집이 되는 것처럼 그리스도는 우리의 거할 처소가 되시는 것입니다. 그래서 믿는 자는 그리스도 안에 그리스도는 믿는 자 안에 있어서 하나가 되는 것입니다.

> "그 날에는 내가 아버지 안에, 너희가 내 안에, 내가 너희 안에 있는 것을 너희가 알리라"(요14:20)
> "21 아버지께서 내 안에, 내가 아버지 안에 있는 것같이 저희

도 다 하나가 되어 우리 안에 있게 하사 세상으로 아버지께서 나를 보내신 것을 믿게 하옵소서 22 내게 주신 영광을 내가 저희에게 주었사오니 이는 우리가 하나가 된 것같이 저희도 하나가 되게 하려 함이니이다 23 곧 내가 저희 안에, 아버지께서 내 안에 계셔 저희로 온전함을 이루어 하나가 되게 하려 함은 아버지께서 나를 보내신 것과 또 나를 사랑하심같이 저희도 사랑하신 것을 세상으로 알게 하려 함이로소이다" (요 17:21-23)

예수님과 아버지가 하나이신 것처럼 믿는 자들도 그리스도와 하나가 되게 하십니다. 아버지께로 가셨다가 다시 믿는 자들 안으로 오시는 그리스도가 먼저 영에 들어오시는데 이것이 영의 구원입니다. 영에 들어오신 그리스도께서 믿는 자의 몸에 사시면 몸의 구원입니다. 그런데 그리스도께서 믿는 자의 몸에 사시는 것은 가만히 있으면 저절로 되는 것이 아닙니다. 믿는 자의 몸에서 죄가 없어지는 만큼만 그리스도께서 사실 수 있으므로 일을 해야 합니다. 몸의 구원은 일을 잘 해야만 받을 수 있는 것이므로 선물이 아니라 상이며 유업입니다.

제6장

두 번째 오시는 그리스도를 믿어야 구원을 받을 수 있습니다

초림(初臨) 예수만 믿어서는 절대로 구원받을 수 없고 재림(再臨) 예수를 믿어야 구원받을 수 있습니다

초림 예수만 믿어서 구원받을 수 없는 이유는 하나님 아버지의 생명을 받을 길이 없기 때문입니다. 초림 예수님이 하신 일은 십자가에서 온 세상 죄를 위한 화목제물이 되신 것인데 이것만으로는 구원을 받을 수 없습니다.

> "1 나의 자녀들아 내가 이것을 너희에게 씀은 너희로 죄를 범치 않게 하려 함이라 만일 누가 죄를 범하면 아버지 앞에서 우리에게 대언자가 있으니 곧 의로우신 예수 그리스도시라 2 저는 우리 죄를 위한 화목제물이니 우리만 위할 뿐 아니요 온 세상의 죄를 위하심이라"(요일2:1-2)

예수님은 우리 죄만 위할 뿐 아니라 온 세상의 죄를 위한 화목제물이라고 했습니다. 이 말씀은 예수님이 세상 모든 죄를 다 담당하셨다는 말이 아닙니다. 다시는 죄를 위하여 제사를 드릴 필요가 없도록 한 영원한 제사를 드리셨으므로 이제는 피를 흘려 드리는 제사가 없다는 뜻입니다. 다시 설명하자면 하나님 편에서는 이미 모든 사람이 예수님과 함께 십자가에서 다 죽었으므로 죄가 없는 것입니다.

> "14 그리스도의 사랑이 우리를 강권하시는도다 우리가 생각건
> 대 한 사람이 모든 사람을 대신하여 죽었은즉 모든 사람이 죽
> 은 것이라 15 저가 모든 사람을 대신하여 죽으심은 산 자들로
> 하여금 다시는 저희 자신을 위하여 살지 않고 오직 저희를 대
> 신하여 죽었다가 다시 사신 자를 위하여 살게 하려 함이니라"
> (고후5:14-15)

한 사람 예수 그리스도의 죽음으로 모든 사람이 죽었습니다. 죽어
버린 사람의 죄는 물을 수가 없습니다. 그러나 믿지 않는 자들에게
는 예수 그리스도의 대속(代贖)의 효력이 발생하지 않습니다. 하나님
이 보시기에 모든 사람이 죽었지만 모든 사람이 살 수는 없습니다. 반
드시 그리스도와 함께 죽은 자만 함께 살 수 있습니다. 교회를 다녀도
구원받지 못하는 이유는 예수님만 죽었다고 믿고 예수님과 함께 죽지
않았기 때문입니다. 잘못된 믿음 안에 있는 기독교인들의 대부분이
예수님이 내 죄를 담당하고 십자가에서 죽었다는 사실을 믿음으로 구
원받았다고 합니다. 이렇게 믿는 자들은 한 사람도 구원받을 수 없습
니다. 그리스도와 함께 죽은 자만 함께 살 수 있습니다.

> "3 무릇 그리스도 예수와 합하여 세례를 받은 우리는 그의 죽
> 으심과 합하여 세례받은 줄을 알지 못하느뇨 4 그러므로 우
> 리가 그의 죽으심과 합하여 세례를 받음으로 그와 함께 장사
> 되었나니 이는 아버지의 영광으로 말미암아 그리스도를 죽은
> 자 가운데서 살리심과 같이 우리로 또한 새 생명 가운데서 행

하게 하려 함이니라 5 만일 우리가 그의 죽으심을 본받아 연합한 자가 되었으면 또한 그의 부활을 본받아 연합한 자가 되리라 6 우리가 알거니와 우리 옛 사람이 예수와 함께 십자가에 못 박힌 것은 죄의 몸이 멸하여 다시는 우리가 죄에게 종 노릇하지 아니하려 함이니 7 이는 죽은 자가 죄에서 벗어나 의롭다 하심을 얻었음이니라 8 만일 우리가 그리스도와 함께 죽었으면 또한 그와 함께 살 줄을 믿노니 9 이는 그리스도께서 죽은 자 가운데서 사셨으매 다시 죽지 아니하시고 사망이 다시 그를 주장하지 못할 줄을 앎이로라 10 그의 죽으심은 죄에 대하여 단번에 죽으심이요 그의 살으심은 하나님께 대하여 살으심이니 11 이와 같이 너희도 너희 자신을 죄에 대하여는 죽은 자요 그리스도 예수 안에서 하나님을 대하여는 산 자로 여길지어다" (롬6:3-11)

죽는 것은 구원이 아닙니다. 사는 것이 구원입니다. 그러나 살려면 먼저 죽어야 합니다. 예수님과 함께 죽어야만 함께 살 수 있습니다. 예수님만 죽었다고 믿는 자들이 살 수 없는 이유는 새 생명을 받을 수 없기 때문입니다. 구원은 하나님 아버지의 생명을 얻어서 하나님의 친아들이 되는 것입니다. 생명을 받은 자만 하나님의 친아들이 될 수 있습니다. 새 생명을 얻을 수 있는 유일한 방법은 내가 그리스도와 함께 십자가에서 죽었다고 믿는 것입니다. 이렇게 믿는 자들 속으로 그리스도께서 두 번째 오십니다. 두 번째 그리스도께서 오실 때에는 반드시 믿는 자의 영에 먼저 들어오십니다.

—— "9 만일 너희 속에 하나님의 영이 거하시면 너희가 육신에 있

지 아니하고 영에 있나니 누구든지 그리스도의 영이 없으면 그리스도의 사람이 아니라 10 또 그리스도께서 너희 안에 계시면 몸은 죄로 인하여 죽은 것이나 영은 의를 인하여 산 것이니라"(롬8:9-10)

두 번째 오시는 그리스도는 반드시 영으로 오셔야 합니다. 그래야 믿는 자의 영에 들어오실 수 있습니다. 예수님이 십자가에서 자기 몸과 육체를 버리신 것은 결국 영으로 믿는 자 안에 들어오시기 위함입니다. 자기 몸과 육체를 버리신 예수님이 아버지께로 가셨다가 다시 믿는 자들 안으로 오시는 것이 구원입니다.

— "내가 진실로 진실로 너희에게 이르노니 한 알의 밀이 땅에 떨어져 죽지 아니하면 한 알 그대로 있고 죽으면 많은 열매를 맺느니라"(요12:24)
"그 날에는 내가 아버지 안에, 너희가 내 안에, 내가 너희 안에 있는 것을 너희가 알리라"(요14:20)

십자가의 죽음으로 많은 열매를 맺은 그리스도께서 아버지 안으로 가셨습니다. 아버지 안으로 가신 그리스도가 다시 믿는 자들 안으로 오시면 믿는 자들이 하나님 아버지의 생명을 받은 하나님의 친아들이 됩니다. 두 번째 오시는 그리스도는 믿는 자 속에서 믿는 자의 생명이 되십니다.

— "3 이는 너희가 죽었고 너희 생명이 그리스도와 함께 하나님 안에 감취었음이니라 4 우리 생명이신 그리스도께서 나타나

실 그때에 너희도 그와 함께 영광 중에 나타나리라"(골3:3-4)

그리스도가 생명이 된 사람은 하나님의 친아들입니다. 그리스도가 하나님의 친아들이시므로 그리스도가 생명이 된 사람도 하나님의 친아들이 되는 것입니다.

—— "너희가 믿음에 있는가 너희 자신을 시험하고 너희 자신을 확증하라 예수 그리스도께서 너희 안에 계신 줄을 너희가 스스로 알지 못하느냐 그렇지 않으면 너희가 버리운 자니라"(고후 13:5)

믿음에 있는가 자기 자신을 시험해 보고 확실한 증거를 가지라고 했습니다. 예수 그리스도께서 자기 안에 계신 것을 스스로 알지 못하는 자들은 구원받지 못한 자들입니다. 교회를 다녀도 그리스도가 안에 계시지 않으면 구원받지 못한 자입니다. 아버지의 생명을 받지 못한 자는 누구든지 구원받지 못한 자입니다.

—— "17 믿음으로 말미암아 그리스도께서 너희 마음에 계시게 하옵시고 너희가 사랑 가운데서 뿌리가 박히고 터가 굳어져서 18 능히 모든 성도와 함께 지식에 넘치는 그리스도의 사랑을 알아 19 그 넓이와 길이와 높이와 깊이가 어떠함을 깨달아 하나님의 모든 충만하신 것으로 너희에게 충만하게 하시기를 구하노라"(엡3:17-19)
"26 이 비밀은 만세와 만대로부터 옴으로 감취었던 것인데 이제는 그의 성도들에게 나타났고 27 하나님이 그들로 하여금

이 비밀의 영광이 이방인 가운데 어떻게 풍성한 것을 알게 하려 하심이라 이 비밀은 너희 안에 계신 그리스도시니 곧 영광의 소망이니라"(골1:26-27)

믿는 자의 마음에 그리스도가 계시는 것이 믿음입니다. 그리스도가 믿는 자 안에 들어오시는 것은 만세와 만대로부터 감추었던 비밀이었는데 이제는 믿는 자들에게 나타났다고 했습니다. 말씀이 육신이 되어 세상에 오신 초림(初臨) 예수님은 두 번째 믿는 자들 안으로 곧 재림(再臨) 그리스도가 되시려고 오신 것입니다. 육체를 입고 오신 것이 초림(初臨)이며 영으로 오시는 것이 재림(再臨)입니다.

——— "10 하나님의 아들을 믿는 자는 자기 안에 증거가 있고 하나님을 믿지 아니하는 자는 하나님을 거짓말하는 자로 만드나니 이는 하나님께서 그 아들에 관하여 증거하신 증거를 믿지 아니하였음이라 11 또 증거는 이것이니 하나님이 우리에게 영생을 주신 것과 이 생명이 그의 아들 안에 있는 그것이니라 12 아들이 있는 자에게는 생명이 있고 하나님의 아들이 없는 자에게는 생명이 없느니라"(요일5:10-12)
"또 아는 것은 하나님의 아들이 이르러 우리에게 지각을 주사 우리로 참된 자를 알게 하신 것과 또한 우리가 참된 자 곧 그의 아들 예수 그리스도 안에 있는 것이니 그는 참 하나님이시요 영생이시라"(요일5:20)

하나님을 믿는 자는 자기 안에 증거가 있고 그 증거는 하나님이 영생을 주신 것인데 하나님이 주신 영생이 바로 그리스도입니다. 초림

(初臨) 예수를 믿는 것은 예수님이 십자가에 죽으심으로 내 죄를 담당하셨으므로 내가 죄 사함을 받고 구원을 받았다고 믿는 것인데 이렇게 믿으면 그리스도가 들어오실 수 없으므로 구원을 받지 못한 것입니다. 재림(再臨) 예수를 믿는 것은 그리스도가 믿는 내 안에 영으로 들어오셔서 내 생명이 되셨다고 믿으므로 하나님 아버지의 생명을 받은 친아들이 된 것입니다.

다시 공중에 구름을 타고 오시는 하나님의 아들 예수는 없으므로 재림(再臨)을 기다리는 자들은 구원을 받을 수 없습니다

재림(再臨)을 기다리는 기독교인들은 예수님이 하나님 아버지 오른편에 앉아 계시다가 심판하러 다시 오신다고 믿고 있습니다. 이렇게 믿고 기다리게 된 이유는 예수님이 십자가에 죽고 부활하셨는데 예수님의 육체가 부활했다고 믿기 때문입니다. 만약 예수님이 육체로 부활하셨다면 예수님은 절대로 아버지 안으로 가실 수가 없고 아버지 안으로 가시지 않은 예수님은 믿는 자들 안으로 두 번째 오실 수도 없습니다.

─── "예수께서 가라사대 네가 말하였느니라 그러나 내가 너희에게 이르노니 이후에 인자가 권능의 우편에 앉은 것과 하늘 구름을 타고 오는 것을 너희가 보리라 하시니"(마26:64)

예수님이 권능의 우편에 앉으셨고 하늘 구름을 타고 온다고 말씀하셨는데 그럼 예수님이 거짓을 말씀하신 것이냐고 할 자들이 분명히 있을 것입니다. 예수님이 앉으신 권능의 우편은 하나님 아버지의 오른쪽이 아닙니다. 예수님이 권능의 상태에 들어가셨다는 뜻입니다.

— "이기는 그에게는 내가 내 보좌에 함께 앉게 하여 주기를 내가 이기고 아버지 보좌에 함께 앉은 것과 같이 하리라"(계3:21)

예수님이 사망 권세를 이기시고 내 보좌에 앉았다고 하셨는데 그 보좌는 아버지 보좌라고 하셨습니다. 정리해 보면 하늘에 보좌는 하나가 있는데 예수님이 아버지 보좌에 앉으셨고 이제는 그 보좌가 예수님의 보좌라는 것입니다. 그럼 아버지의 보좌를 예수님이 앉으셨으니까 아버지는 어디에 앉아 계셔야 합니까? 아버지의 보좌를 예수님이 뺏은 겁니까? 그런 일은 있을 수 없습니다. 예수님이 아버지 안으로 가신 것을 권능의 우편에 앉았다고 말씀하시고 아버지 보좌에 함께 앉았다고 하신 것입니다. 또 예수님이 하늘 구름을 타고 오신다고 했는데 이 구름은 하늘(sky)에 떠 있는 지구의 대기 안에 있는 구름이 아닙니다. 영어성경(niv)을 보면 하늘 구름이 "clouds of heaven"으로 되어 있습니다.

— "애굽에 관한 경고라 보라 여호와께서 빠른 구름을 타고 애굽에 임하시리니 애굽의 우상들이 그 앞에서 떨겠고 애굽인의 마음이 그 속에서 녹으리로다"(사19:1)

이사야 19장 1절에 여호와께서 빠른 구름을 타고 애굽에 임하신다고 했는데 이 말씀은 여호와의 말씀이 애굽에서 속히 이루어진다는 뜻입니다. 그러니까 구름은 여호와의 말씀을 의미합니다. 예수님이 하늘 구름을 타고 오신다는 것은 말씀으로 믿는 자 안에 오신다는 뜻입니다. 성경의 비밀을 깨닫지 못하는 자들은 이 말씀의 뜻을 절대로 알 수가 없습니다. 믿는 사람 속에 하나님이 계시면 믿는 자가 하늘

(heaven)이 되고 아버지로부터 믿는 자 속으로 그리스도께서 말씀으로 오시면 이것이 권능의 우편(아버지 속)에 계신 예수님이 하늘(믿는 자 안으로) 구름(말씀)을 타고 오시는 것입니다. 하늘(heaven)로 가신 예수님이 하늘(heaven)로 다시 오십니다.

―――
"9 이 말씀을 마치시고 저희 보는 데서 올리워 가시니 구름이 저를 가리워 보이지 않게 하더라

9 After he said this, he was taken up before their very eyes, and a cloud hid him from their sight.

10 올라가실 때에 제자들이 자세히 하늘을 쳐다보고 있는데 흰옷 입은 두 사람이 저희 곁에 서서

10 They were looking intently up into the sky as he was going, when suddenly two men dressed in white stood beside them.

11 가로되 갈릴리 사람들아 어찌하여 서서 하늘을 쳐다보느냐 너희 가운데서 하늘로 올리우신 이 예수는 하늘로 가심을 본 그대로 오시리라 하였느니라

11 'Men of Galilee,' they said, 'why do you stand here looking into the sky? This same Jesus, who has been taken from you into heaven, will come back in the same way you have seen him go into heaven.'" (행1:9-11 niv)

예수님께서 하늘(heaven)로 올라가실 때 제자들이 하늘(sky)을 쳐다보고 있는데 흰옷 입은 두 천사가 나타나서 "갈릴리 사람들아 어찌하여 서서 하늘(sky)을 쳐다보느냐?"라고 할 때 하늘은 sky입니다. "너희 가운데서 하늘(heaven)로 올리우신 이 예수는 하늘(heaven)로 가심을 본

그대로 오시리라"라고 했을 때 하늘은 heaven입니다. 예수님은 하늘 (sky)로 가신 것이 아니라 하늘(heaven)로 가셨기 때문에 다시 오실 때도 하늘(heaven)로 오십니다. 예수님이 가신 하늘(heaven)은 아버지의 안입니다. 다시 오실 하늘(heaven)은 믿는 자의 안입니다.

— "20 이것들을 증거하신 이가 가라사대 내가 진실로 속히 오리라 하시거늘 아멘 주 예수여 오시옵소서 21 주 예수의 은혜가 모든 자들에게 있을지어다 아멘"(계22:20-21)

성경 맨 마지막 말씀이 주 예수가 오심으로 끝이 납니다. 예수님이 다시 오심으로 하나님의 말씀이 다 이루어진다는 뜻입니다. 예수님의 재림(再臨)을 기다린다는 것은 예수님이 아직 오시지 않았다는 뜻입니다. 예수님이 그리스도의 영으로 믿는 자들에게 두 번째 오시는 것이 구원입니다. 두 번째 오시는 그리스도는 자기를 바라는 자들에게 구원을 이루기 위해서 오신다고 했습니다.

— "이와 같이 그리스도도 많은 사람의 죄를 담당하시려고 단번에 드리신 바 되셨고 구원에 이르게 하기 위하여 죄와 상관없이 자기를 바라는 자들에게 두 번째 나타나시리라"(히9:28)

그리스도가 두 번째 오시는 것이 구원이기 때문에 예수님의 재림(再臨)을 기다리는 자들은 한 사람도 구원받을 수 없습니다.

제7장

예수님을 성경대로
바로 알아야
구원을 받을 수
있습니다

다른 예수를 전하고 다른 영을 받게 하는 것이 다른 복음입니다

사도 바울이 복음을 전하던 때에 이미 다른 복음이 나와서 하나님 나라의 일을 방해하고 하나님의 아들들이 되는 길을 막아버리는 일이 있었습니다. 지금 이 시대에도 다른 예수를 전하고 다른 영을 받게 하는 거짓 선지자들과 삯꾼 목자들이 너무나 많습니다. 다른 복음을 전하면 저주를 받게 됩니다.

> "6 그리스도의 은혜로 너희를 부르신 이를 이같이 속히 떠나 다른 복음 좇는 것을 내가 이상히 여기노라 7 다른 복음은 없나니 다만 어떤 사람들이 너희를 요란케 하여 그리스도의 복음을 변하려 함이라 8 그러나 우리나 혹 하늘로부터 온 천사라도 우리가 너희에게 전한 복음 외에 다른 복음을 전하면 저주를 받을지어다 9 우리가 전에 말하였거니와 내가 지금 다시 말하노니 만일 누구든지 너희의 받은 것 외에 다른 복음을 전하면 저주를 받을지어다"(갈1:6-9)
> "만일 누가 가서 우리의 전파하지 아니한 다른 예수를 전파하거나 혹 너희의 받지 아니한 다른 영을 받게 하거나 혹 너희

의 받지 아니한 다른 복음을 받게 할 때에는 너희가 잘 용납 하는구나"(고후11:4)

그리스도의 복음을 변하게 하는 것이 다른 복음입니다. 성경에 없는 예수를 전하는 것이 다른 복음입니다. 그런데 오히려 다른 복음을 전하면 잘 용납하고 잘 받는다고 했습니다. 지금도 그렇습니다. 하나님의 말씀은 믿는 자가 그리스도와 함께 죽어야 구원받는다고 하는데 예수님이 세상 죄를 위하여 죽었다고만 믿으면 구원받는다고 구원받을 수 없는 교리를 전하는데 오히려 사람들이 잘 받아들입니다. 하나님은 한 분이신데 하나님이 셋이면서 하나요, 하나면서 셋이라고 합니다. 그러면서 예수님이 영원부터 스스로 계시는 하나님의 아들이라고 합니다. 영원부터 스스로 계시는 예수를 믿으면 다른 예수를 믿는 것이고 다른 예수를 믿으면 구원을 받을 수 없습니다.

《 2 》

하나님 아버지가 아들을 낳았습니다

예수님은 영원부터 계신 하나님의 아들이 아닙니다. 아버지가 낳아서 아들이 되신 분입니다.

> "또한 이와 같이 그리스도께서 대제사장 되심도 스스로 영광을 취하심이 아니요 오직 말씀하신 이가 저더러 이르시되 너는 내 아들이니 내가 오늘날 너를 낳았다 하셨고"(히5:5)

아버지가 아들을 낳았다는 말씀은 아버지가 아들을 낳기 전까지는 아들이 없었다는 뜻입니다. 아버지가 아들을 낳기 전에 예수님은 아버지 속에 지혜와 말씀과 생명으로 계셨습니다.

> "11 대저 지혜는 진주보다 나으므로 무릇 원하는 것을 이에 비교할 수 없음이니라 12 나 지혜는 명철로 주소를 삼으며 지식과 근신을 찾아 얻나니 13 여호와를 경외하는 것은 악을 미워하는 것이라 나는 교만과 거만과 악한 행실과 패역한 입을 미워하느니라"(잠8:11-13)

"22 여호와께서 그 조화의 시작 곧 태초에 일하시기 전에 나를 가지셨으며 23 만세전부터, 상고부터, 땅이 생기기 전부터 내가 세움을 입었나니 24 아직 바다가 생기지 아니하였고 큰 샘들이 있기 전에 내가 이미 났으며 25 산이 세우심을 입기 전에, 언덕이 생기기 전에 내가 이미 났으니 26 하나님이 아직 땅도, 들도, 세상 진토의 근원도 짓지 아니하셨을 때에라 27 그가 하늘을 지으시며 궁창으로 해면에 두르실 때에 내가 거기 있었고 28 그가 위로 구름 하늘을 견고하게 하시며 바다의 샘들을 힘있게 하시며 29 바다의 한계를 정하여 물로 명령을 거스리지 못하게 하시며 또 땅의 기초를 정하실 때에 30 내가 그 곁에 있어서 창조자가 되어 날마다 그 기뻐하신 바가 되었으며 항상 그 앞에서 즐거워하였으며 31 사람이 거처할 땅에서 즐거워하며 인자들을 기뻐하였었느니라"(잠8:22-31)

"18 지혜는 그 얻은 자에게 생명나무라 지혜를 가진 자는 복되도다 19 여호와께서는 지혜로 땅을 세우셨으며 명철로 하늘을 굳게 펴셨고 20 그 지식으로 해양이 갈라지게 하셨으며 공중에서 이슬이 내리게 하셨느니라"(잠3:18-20)

"오직 부르심을 입은 자들에게는 유대인이나 헬라인이나 그리스도는 하나님의 능력이요 하나님의 지혜니라"(고전1:24)

여호와께서 지혜로 땅을 세우시고 하늘을 굳게 펴셨습니다. 여호와 하나님의 지혜는 여호와 속에 있는 생명에서 나오는 것입니다. 그리스도가 하나님의 능력이요, 하나님의 지혜입니다.

"1 태초에 말씀이 계시니라 이 말씀이 하나님과 함께 계셨으니 이 말씀은 곧 하나님이시니라 2 그가 태초에 하나님과 함께 계셨고 3 만물이 그로 말미암아 지은 바 되었으니 지은 것이 하나도 그가 없이는 된 것이 없느니라" (요1:1-3)

예수님은 태초에 하나님과 함께 계신 말씀입니다. 만물이 하나님의 말씀으로 지은 바 되었는데 지은 것이 하나도 그가 없이는 된 것이 없습니다.

─── "1 태초부터 있는 생명의 말씀에 관하여는 우리가 들은 바요 눈으로 본 바요 주목하고 우리 손으로 만진 바라 2 이 생명이 나타내신 바 된지라 이 영원한 생명을 우리가 보았고 증거하여 너희에게 전하노니 이는 아버지와 함께 계시다가 우리에게 나타내신 바 된 자니라" (요일1:1-2)

태초부터 있는 생명의 말씀이 나타내신 바 되었는데 이는 아버지와 함께 계시다가 나타내신 바 되었다고 했습니다. 그래서 예수님은 말씀이 육신이 되신 분입니다.

─── "말씀이 육신이 되어 우리 가운데 거하시매 우리가 그 영광을 보니 아버지의 독생자의 영광이요 은혜와 진리가 충만하더라" (요1:14)

말씀이 하나님과 함께 계셨다는 것은 하나님 속에 계셨다는 것입니다.

─── "아버지께서 자기 속에 생명이 있음같이 아들에게도 생명을

주어 그 속에 있게 하셨고" (요5:26)

아버지와 아들의 관계는 생명의 관계입니다. 아버지가 생명을 주시고 아들은 그 생명을 받는 것입니다. 하나님 아버지와 예수님도 똑같습니다. 하나님 아버지께서 자기 속에 생명이 있음같이 아들에게도 생명을 주어 그 속에 있게 하셨습니다. 그래서 예수님은 영원부터 계신 아들이 아니라 아버지가 낳은 아들입니다.

3

여호와 하나님이 직접 오셔서
사람이 되신 분이 예수 그리스도입니다

한 아기가 났고 한 아들을 주셨는데 그 아기가 전능하신 하나님이
요, 영존하시는 아버지라고 했습니다.

> "이는 한 아기가 우리에게 났고 한 아들을 우리에게 주신 바
> 되었는데 그 어깨에는 정사를 메었고 그 이름은 기묘자라, 모
> 사라, 전능하신 하나님이라, 영존하시는 아버지라, 평강의 왕
> 이라 할 것임이라"(사9:6)

어떻게 아들이 전능하신 하나님이 되시고 영존하시는 아버지가 되
십니까? 예수님은 영원부터 계신 아들이 오신 것이 아니라 아버지가
직접 오셔서 육신을 입고 사람이 되신 분이기 때문에 전능하신 하나
님이요, 영존하시는 아버지가 되시는 것입니다.

> "5 너희 안에 이 마음을 품으라 곧 그리스도 예수의 마음이니
> 6 그는 근본 하나님의 본체시나 하나님과 동등됨을 취할 것
> 으로 여기지 아니하시고 7 오히려 자기를 비어 종의 형체를

가져 사람들과 같이 되었고 8 사람의 모양으로 나타나셨으매
자기를 낮추시고 죽기까지 복종하셨으니 곧 십자가에 죽으심
이라"(빌2:5-8)

예수님은 근본 하나님의 본체이셨으나 종의 형체를 가져 사람들과
같이 되었고 사람의 모양으로 나타나신 분입니다. 그래서 예수님이
육신을 가진 사람으로 오셨을 때 아버지는 예수님 안에 계셨습니다.
여호와 하나님이 직접 오셔서 사람이 되신 분이 예수 그리스도이기
때문입니다.

> "7 너희가 나를 알았더면 내 아버지도 알았으리로다 이제부터
> 는 너희가 그를 알았고 또 보았느니라 8 빌립이 가로되 주여
> 아버지를 우리에게 보여 주옵소서 그리하면 족하겠나이다 9
> 예수께서 가라사대 빌립아 내가 이렇게 오래 너희와 함께 있
> 으되 네가 나를 알지 못하느냐 나를 본 자는 아버지를 보았거
> 늘 어찌하여 아버지를 보이라 하느냐 10 나는 아버지 안에 있
> 고 아버지는 내 안에 계신 것을 네가 믿지 아니하느냐 내가
> 너희에게 이르는 말이 스스로 하는 것이 아니라 아버지께서
> 내 안에 계셔 그의 일을 하시는 것이라 11 내가 아버지 안에
> 있고 아버지께서 내 안에 계심을 믿으라 그렇지 못하겠거든
> 행하는 그 일을 인하여 나를 믿으라"(요14:7-11)
> "나와 아버지는 하나이니라 하신대"(요10:30)

예수님을 보았으면 아버지를 본 것이라고 했습니다. 예수님이 하시
는 일은 예수님의 일이 아니라 아버지가 예수님 안에 계셔서 아버지

의 일을 하시는 것이라고 했습니다. 예수님을 보고 아버지를 믿지 못하겠거든 행하는 일을 보고 믿으라고 하셨습니다. 그래서 예수님과 아버지는 하나입니다. 예수님 안에 아버지가 계시므로 예수님은 여호와 하나님이 직접 오셔서 육신을 입고 사람이 되신 분입니다.

십자가 이후에 예수님은
아버지 안으로 가셨습니다

예수님이 사람으로 이 땅에 계셨을 때에 영이신 아버지는 예수님 안에 계셨고 예수님이 십자가에 못 박혀 죽으신 후에는 예수님이 아버지 안으로 가셨습니다.

> ―― "내가 아버지께로 나와서 세상에 왔고 다시 세상을 떠나 아버지께로 가노라 하시니"(요16:28)

아버지께로 나와서 세상에 오신 예수님은 다시 세상을 떠나 아버지께로 가신다고 했습니다. 예수님이 세상에 오실 때 아버지 속에서 나오셨으므로 다시 세상을 떠날 때에도 아버지 속으로 가셔야 합니다. 예수님이 아버지 속으로 가지 않으시면 창조의 목적이 이루어지지 않습니다. 아버지 속으로 가신 예수님이 그리스도의 영으로 믿는 자들에게 다시 오실 때 믿는 자들이 하나님의 아들들이 될 수 있습니다.

> ―― "그 날에는 내가 아버지 안에, 너희가 내 안에, 내가 너희 안에 있는 것을 너희가 알리라"(요14:20)

반드시 예수님이 아버지 속으로 가셔야 믿는 자들이 하나님의 아들들이 될 수 있습니다. 아버지 속으로 가신 예수님만 다시 믿는 자들에게 오셔서 믿는 자들의 생명이 되실 수 있기 때문입니다. 아버지 안으로 가신 예수님이 믿는 자들에게 다시 오셔서 믿는 자들과 하나가 되어야 하나님의 친아들들이 나올 수 있습니다.

─── "21 아버지께서 내 안에, 내가 아버지 안에 있는 것같이 저희도 다 하나가 되어 우리 안에 있게 하사 세상으로 아버지께서 나를 보내신 것을 믿게 하옵소서 22 내게 주신 영광을 내가 저희에게 주었사오니 이는 우리가 하나가 된 것같이 저희도 하나가 되게 하려 함이니이다 23 곧 내가 저희 안에, 아버지께서 내 안에 계셔 저희로 온전함을 이루어 하나가 되게 하려 함은 아버지께서 나를 보내신 것과 또 나를 사랑하심같이 저희도 사랑하신 것을 세상으로 알게 하려 함이로소이다"(요 17:21-23)

아버지께서 예수님 안에 예수님이 아버지 안에 계신 것같이 믿는 자들도 하나가 되게 하시는데 예수님은 육체를 가진 사람이셨고 아버지는 영으로 예수님 안에 계신 것같이 믿는 자들은 육체를 가진 사람이고 그리스도는 영으로 믿는 자들 안에 들어오셔서 하나가 되게 하십니다. 예수님이 세상을 떠나 아버지께로 가실 때에 반드시 아버지 안으로 가셔야만 하는 이유입니다. 예수님이 영으로 살리심을 받아 아버지 안으로 가셔야 믿는 자들에게 영으로 오실 수 있으므로 예수님의 육체는 그대로 죽임을 당하시고 영으로 살리심을 받았습니다.

— "그리스도께서도 한 번 죄를 위하여 죽으사 의인으로서 불의
한 자를 대신하셨으니 이는 우리를 하나님 앞으로 인도하려
하심이라 육체로는 죽임을 당하시고 영으로는 살리심을 받으
셨으니"(벧전3:18)

예수님의 육체가 다시 살리심을 받은 것이 아니라 영이 다시 살리
심을 받았습니다. 예수님이 영으로 살리심을 받을 때 아버지께서 많
은 열매를 맺게 하셨고 열매가 맺어진 예수님의 영(그리스도)이 아버지
안으로 가셨습니다.

— "내가 진실로 진실로 너희에게 이르노니 한 알의 밀이 땅에 떨
어져 죽지 아니하면 한 알 그대로 있고 죽으면 많은 열매를
맺느니라"(요12:24)

하나님이 천지를 창조하신 목적은 예수 그리스도로 말미암아 많은
아들들을 얻으시는 것입니다. 예수님은 창조의 목적을 이루시기 위해
이 땅에 오셨고 십자가에 달려 죽으시고 많은 열매를 맺어서 다시 아
버지 안으로 가셨습니다. 아버지 안으로 가셨다가 다시 믿는 자들 안
으로 오시는 그리스도는 원조 그리스도가 아닙니다. 많은 열매가 맺
어진 그리스도가 믿는 자들 안으로 오십니다. 하나님이 아브라함에게
약속하신 것처럼 하늘에 별과 같이 땅의 티끌과 같이 많은 아들들을
얻으셔야 합니다.

— "내가 네 자손으로 땅의 티끌 같게 하리니 사람이 땅의 티끌을
능히 셀 수 있을진대 네 자손도 세리라"(창13:16)

"4 여호와의 말씀이 그에게 임하여 가라사대 그 사람은 너의
후사가 아니라 네 몸에서 날 자가 네 후사가 되리라 하시고 5
그를 이끌고 밖으로 나가 가라사대 하늘을 우러러 뭇 별을 셀
수 있나 보라 또 그에게 이르시되 네 자손이 이와 같으리라"
(창15:4-5)

"그런즉 믿음으로 말미암은 자들은 아브라함의 아들인 줄 알
지어다"(갈3:7)

"피조물의 고대하는 바는 하나님의 아들들의 나타나는 것이니"
(롬8:19)

믿음으로 말미암은 자들은 아브라함의 아들이라고 했습니다. 믿음
으로 아브라함의 아들이 된 자들이 곧 하나님의 아들입니다. 피조물
의 고대하는 바는 하나님의 아들들의 나타나는 것이라고 했습니다.
천지창조의 목적은 하나님의 아들들을 얻기 위한 것입니다. 천지창조
의 목적을 이루시기 위해서 십자가 이후에 예수님은 반드시 아버지
안으로 가셔야만 합니다.

주 예수님만이 천상천하에 한 분
하나님이십니다

영원 전부터 지금까지 하나님은 한 분이십니다. 이것은 절대로 변할 수 없는 성경의 대명제(大命題)입니다. 성경 어디에도 하나님이 두 분, 또는 세 분이 계신다는 말이 없습니다.

― "이스라엘아 들으라 우리 하나님 여호와는 오직 하나인 여호와시니"(신6:4)
"5 주도 하나이요 믿음도 하나이요 세례도 하나이요 6 하나님도 하나이시니 곧 만유의 아버지시라 만유 위에 계시고 만유를 통일하시고 만유 가운데 계시도다"(엡4:5-6)

여호와가 오직 하나인 하나님이시고 만유의 아버지가 하나님이십니다. 구약의 여호와 하나님이 바로 신약의 아버지 하나님이십니다. 여호와는 한 분 하나님의 이름입니다. 개역한글 성경 기준으로 구약 성경에 '여호와'로 약 7,000회 이상 기록되어 있습니다.

― "하나님이 또 모세에게 이르시되 너는 이스라엘 자손에게 이

같이 이르기를 나를 너희에게 보내신 이는 너희 조상의 하나님 곧 아브라함의 하나님, 이삭의 하나님, 야곱의 하나님 여호와라 하라 이는 나의 영원한 이름이요 대대로 기억할 나의 표호니라"(출3:15)

오직 여호와만 한 분 하나님이신데 신약에는 '여호와'라는 이름이 한 번도 나오지 않습니다. 하나님의 아들이신 예수 그리스도께서 나신 후에는 하나님이 아버지로 말씀하시고 일하십니다. 신약에는 하나님이 '아버지'로 약 300회 이상 기록되어 있습니다. 하나님의 아들이신 예수님이 오시고 하나님이 '여호와'라는 이름을 한 번도 쓰지 않으신 이유는 바로 아버지가 되시는 것이 천지창조의 목적이기 때문입니다. 하나님이 아들 예수님을 낳으신 후로는 항상 아버지로서 말씀하시고 일하십니다. 예수님이 십자가에서 죽임을 당하시고 아버지께로 가셨는데 예수님이 아버지께로 가신 후에는 아들로 계신 것이 아니라 아버지로 계십니다. 여기서 주의해야 할 점이 있는데 "예수님이 아버지로 계신다"라는 것은 "예수님이 아버지가 되셨다"라는 것이 아닙니다. 절대로 아들이 아버지가 될 수 없고 아버지가 아들이 될 수 없습니다. 십자가에서 죽임을 당하신 예수님이 아버지 안으로 가셨고 아버지 안으로 가신 예수님은 이제 하나님의 아들로 계시는 것이 아닙니다. 아들로 오신 예수님이 아예 사라져 버렸다는 뜻이 아닙니다. 아들이셨던 예수님이 이제는 영원히 아버지 안에 계시므로 아들로 말씀하시지 않고 아버지로 말씀하시는 것입니다.

―   "예수 그리스도의 계시라 이는 하나님이 그에게 주사 반드시 속히 될 일을 그 종들에게 보이시려고 그 천사를 그 종 요한

에게 보내어 지시하신 것이라"(계1:1)

요한계시록은 예수 그리스도의 계시입니다. 천사를 보내어 요한에게 지시하신 것입니다.

———
"17 내가 볼 때에 그 발 앞에 엎드러져 죽은 자같이 되매 그가 오른손을 내게 얹고 가라사대 두려워 말라 나는 처음이요 나중이니 18 곧 산 자라 내가 전에 죽었었노라 볼지어다 이제 세세토록 살아 있어 사망과 음부의 열쇠를 가졌노니 19 그러므로 네 본 것과 이제 있는 일과 장차 될 일을 기록하라"(계 1:17-19)

사도 요한이 부활하신 후에 나타나신 예수님을 봤는데 "두려워 말라 나는 처음이요 나중이니 곧 산 자라 내가 전에 죽었었노라"라고 말씀하셨습니다. 여기서 요한에게 말씀하시는 예수님은 아들로서 말씀하시는 것이 아닙니다. 처음이요, 나중이신 한 분 하나님 아버지로서 말씀하시는 것입니다.

———
"이기는 그에게는 내가 내 보좌에 함께 앉게 하여 주기를 내가 이기고 아버지 보좌에 함께 앉은 것과 같이 하리라"(계3:21)
"5 보좌에 앉으신 이가 가라사대 보라 내가 만물을 새롭게 하노라 하시고 또 가라사대 이 말은 신실하고 참되니 기록하라 하시고 6 또 내게 말씀하시되 이루었도다 나는 알파와 오메가요 처음과 나중이라 내가 생명수 샘물로 목마른 자에게 값없이 주리니 7 이기는 자는 이것들을 유업으로 얻으리라 나

는 저의 하나님이 되고 그는 내 아들이 되리라"(계21:5-7)

예수님이 사망 권세를 이기시고 앉으신 보좌는 원래부터 있던 예수
님의 보좌가 아니라 아버지의 보좌입니다. 예수님이 앉으신 보좌가
아버지의 보좌인데 이제는 예수님이 내 보좌라고 말씀하십니다. 예수
님이 아버지의 보좌를 빼앗아 앉으셨을까요? 예수님이 아버지의 보
좌에 앉으셨으면 이제 아버지는 어디에 앉으셔야 할까요? 이런 생각
들로 머리가 복잡한 사람들은 하나님을 한 분으로 믿지 않는 자들입
니다. 계속해서 강조하고 있지만 부활하신 예수님은 아버지 안으로
가셨습니다. 하나님은 한 분입니다. 하나님이 한 분이시므로 하늘에
보좌도 하나입니다. 하늘에 있는 보좌는 하나님의 주권과 통치하심과
다스리심을 의미합니다. 곧 왕권(王權)을 말합니다. 부활하신 예수님이
사망 권세를 이기시고 보좌에 앉으셨는데 그 보좌는 아버지의 보좌이
고 보좌에 앉으신 분이 말씀하시는데 "내가 생명수 샘물로 목마른 자
에게 값없이 주리니 이기는 자는 이것들을 유업으로 얻으리라 나는
저의 하나님이 되고 그는 내 아들이 되리라"라고 말씀하셨으므로 그
분은 아버지이십니다. 그래서 부활하신 예수님은 이제 천상천하에 한
분 하나님이시오, 만왕의 왕이시오, 만주의 주가 되시는 분입니다.

—   "저희가 어린 양으로 더불어 싸우려니와 어린 양은 만주의 주
시오 만왕의 왕이시므로 저희를 이기실 터이요 또 그와 함께
있는 자들 곧 부르심을 입고 빼내심을 얻고 진실한 자들은 이
기리로다"(계17:14)
"11 또 내가 하늘이 열린 것을 보니 보라 백마와 탄 자가 있으
니 그 이름은 충신과 진실이라 그가 공의로 심판하며 싸우더

라 12 그 눈이 불꽃 같고 그 머리에 많은 면류관이 있고 또 이름 쓴 것이 하나가 있으니 자기밖에 아는 자가 없고 13 또 그가 피 뿌린 옷을 입었는데 그 이름은 하나님의 말씀이라 칭하더라 14 하늘에 있는 군대들이 희고 깨끗한 세마포를 입고 백마를 타고 그를 따르더라 15 그의 입에서 이한 검이 나오니 그것으로 만국을 치겠고 친히 저희를 철장으로 다스리며 또 친히 하나님 곧 전능하신 이의 맹렬한 진노의 포도주 틀을 밟겠고 16 그 옷과 그 다리에 이름 쓴 것이 있으니 만왕의 왕이요 만주의 주라 하였더라"(계19:11-16)

오직 주 예수님만이 천상천하에 한 분 하나님이심을 믿지 않는 자들은 성경대로 하나님을 한 분으로 믿지 않으므로 구원을 받을 수 없습니다. 누구든지 성경대로 하나님을 믿지 않는 자들은 하나님 아버지의 생명을 받을 수 없고 생명을 받을 수 없으므로 하나님의 친아들이 될 수 없습니다.

제8장

영원한 때 전에 세우신
하나님의 경륜(經綸)

1

영원한 때 전에 우리에게
영생을 주시기로 약속하셨습니다

하나님이 우리에게 영생을 주시기로 약속하셨는데 그때가 영원한 때 전이라고 말씀하고 있습니다.

> "1 하나님의 종이요 예수 그리스도의 사도인 바울 곧 나의 사 도 된 것은 하나님의 택하신 자들의 믿음과 경건함에 속한 진 리의 지식과 2 영생의 소망을 인함이라 이 영생은 거짓이 없 으신 하나님이 영원한 때 전부터 약속하신 것인데 3 자기 때 에 자기의 말씀을 전도로 나타내셨으니 이 전도는 우리 구주 하나님의 명대로 내게 맡기신 것이라"(딛1:1-3)
> "하나님이 우리를 구원하사 거룩하신 부르심으로 부르심은 우 리의 행위대로 하심이 아니요 오직 자기 뜻과 영원한 때 전부 터 그리스도 예수 안에서 우리에게 주신 은혜대로 하심이라"
> (딤후1:9)

하나님이 우리를 구원하시고 거룩하신 부르심으로 부르심은 영원 한 때 전부터 그리스도 안에서 우리에게 주신 은혜대로 하신 것입니다. 우리에게 영생을 주시기로 약속하신 것과 그리스도 예수 안에서 우리에게 주신 은혜로 우리를 구원하신 것이 다 영원한 때 전부터 하나님이 계획하신 것이라고 말씀하고 있습니다.

1) 영원한 때 전

'영원한 때 전'은 창조주이신 여호와 하나님이 혼자 계셨을 때를 말합니다. 창조주이신 하나님 한 분 외에 모든 것은 다 피조물이므로 하나님이 지으시기 전에는 곧 지음을 받기 전에는 존재할 수가 없습니다. 지어진 것이 아무것도 없는 때, 오직 여호와 하나님이 홀로 계셨을 때가 있었는데 이때를 '영원한 때 전'이라고 합니다.

— "25 나의 복음과 예수 그리스도를 전파함은 영세 전부터 감취었다가 26 이제는 나타내신 바 되었으며 영원하신 하나님의 명을 좇아 선지자들의 글로 말미암아 모든 민족으로 믿어 순종케 하시려고 알게 하신바 그 비밀의 계시를 좇아 된 것이니 이 복음으로 너희를 능히 견고케 하실 27 지혜로우신 하나님께 예수 그리스도로 말미암아 영광이 세세무궁토록 있을지어다 아멘"(롬16:25-27)

"곧 창세 전에 그리스도 안에서 우리를 택하사 우리로 사랑 안에서 그 앞에 거룩하고 흠이 없게 하시려고"(엡1:4)

'영세 전부터', '창세 전에'라고 말씀하신 것도 '영원한 때 전'과 같은 의미입니다.

2) 영원한 때

'영원한 때'는 영계(靈界)가 지어진 때를 말합니다. 하나님이 영계(靈界)를 먼저 지으시고 영계(靈界) 안에 물질계(物質界)를 지으셨는데 영(靈)으로 지으심을 받은 천사들이 지어진 때가 영계(靈界)가 지어진 때이며 이때를 '영원한 때'라고 합니다.

> "20 능력이 있어 여호와의 말씀을 이루며 그 말씀의 소리를 듣는 너희 천사여 여호와를 송축하라 21 여호와를 봉사하여 그 뜻을 행하는 너희 모든 천군이여 여호와를 송축하라 22 여호와의 지으심을 받고 그 다스리시는 모든 곳에 있는 너희여 여호와를 송축하라 내 영혼아 여호와를 송축하라" (시103:20-22)
> "모든 천사들은 부리는 영으로서 구원 얻을 후사들을 위하여 섬기라고 보내심이 아니뇨" (히1:14)

천사들은 여호와의 말씀을 듣고 그 말씀을 이루며 여호와를 봉사하여 그 뜻을 행하는 존재입니다. 천사들은 하나님의 일을 위하여 일꾼들로 지으심을 받았습니다. 그리고 모든 천사들은 구원 얻을 후사들을 섬기라고 하나님이 보내신 부리는 영(靈)입니다.

《 2 》

하나님이 약속하신 영생(永生)은
하나님 아버지의 생명입니다

영원한 때 전에 우리에게 영생(永生)을 약속하셨는데 하나님이 약속하신 영생(永生)은 죽지 않고 영원히 사는 것이 아닙니다. 영생(永生)은 하나님 아버지의 영원하신 생명입니다. 시작도 없고 끝도 없는 생명 곧 창조되지 않은 창조주의 생명을 영생이라고 합니다.

—— "아브라함은 브엘세바에 에셀나무를 심고 거기서 영생하시는
     하나님 여호와의 이름을 불렀으며"(창21:33)

아브라함이 영생하시는 하나님 여호와의 이름을 불렀다고 했는데 여호와가 영생(永生)하시는 하나님입니다.

—— "28 이 모든 일이 다 나 느부갓네살 왕에게 임하였느니라 29
     열 두 달이 지난 후에 내가 바벨론 궁 지붕에서 거닐새 30 나
     왕이 말하여 가로되 이 큰 바벨론은 내가 능력과 권세로 건설
     하여 나의 도성을 삼고 이것으로 내 위엄의 영광을 나타낸 것
     이 아니냐 하였더니 31 이 말이 오히려 나 왕의 입에 있을 때

에 하늘에서 소리가 내려 가로되 느부갓네살 왕아 네게 말하노니 나라의 위가 네게서 떠났느니라 32 네가 사람에게서 쫓겨나서 들짐승과 함께 거하며 소처럼 풀을 먹을 것이요 이와 같이 일곱 때를 지내서 지극히 높으신 자가 인간 나라를 다스리시며 자기의 뜻대로 그것을 누구에게든지 주시는 줄을 알기까지 이르리라 하더니 33 그 동시에 이 일이 나 느부갓네살에게 응하므로 내가 사람에게 쫓겨나서 소처럼 풀을 먹으며 몸이 하늘 이슬에 젖고 머리털이 독수리 털과 같았고 손톱은 새 발톱과 같았었느니라 34 그 기한이 차매 나 느부갓네살이 하늘을 우러러 보았더니 내 총명이 다시 내게로 돌아온지라 이에 내가 지극히 높으신 자에게 감사하며 영생하시는 자를 찬양하고 존경하였노니 그 권세는 영원한 권세요 그 나라는 대대에 이르리로다 35 땅의 모든 거민을 없는 것같이 여기시며 하늘의 군사에게든지 땅의 거민에게든지 그는 자기 뜻대로 행하시나니 누가 그의 손을 금하든지 혹시 이르기를 네가 무엇을 하느냐 할 자가 없도다 36 그 동시에 내 총명이 내게로 돌아왔고 또 내 나라 영광에 대하여도 내 위엄과 광명이 내게로 돌아왔고 또 나의 모사들과 관원들이 내게 조회하니 내가 내 나라에서 다시 세움을 입고 또 지극한 위세가 내게 더하였느니라 37 그러므로 지금 나 느부갓네살이 하늘의 왕을 찬양하며 칭송하며 존경하노니 그의 일이 다 진실하고 그의 행하심이 의로우시므로 무릇 교만하게 행하는 자를 그가 능히 낮추심이니라"(단4:28-37)

우상을 섬기는 바벨론의 왕 느브갓네살이 꾼 꿈을 다니엘이 해석하고 그 해석한 대로 모든 일이 느브갓네살에게 임하였는데 사람들에게 쫓겨나서 칠 년을 소처럼 풀을 먹으며 몸이 하늘 이슬에 젖고 머리털이 독수리 털과 같았고 손톱은 새 발톱과 같이 되어 짐승과 같은 삶을 살다가 그 기한이 차서 느브갓네살의 총명이 돌아왔을 때 "내가 지극히 높으신 자에게 감사하며 영생하시는 자를 찬양하고 존경하였노니 그 권세는 영원한 권세요 그 나라는 대대에 이르리로다"라고 하나님을 찬양하였습니다. 여기서 느브갓네살이 하나님을 '영생(永生)하시는 자'라고 칭하면서 "지금 나 느부갓네살이 하늘의 왕을 찬양하며 칭송하며 존경하노니 그의 일이 다 진실하고 그의 행하심이 의로우시므로 무릇 교만하게 행하는 자를 그가 능히 낮추심이니라"라고 했습니다.

"5 나 다니엘이 본즉 다른 두 사람이 있어 하나는 강 이편 언덕에 섰고 하나는 강 저편 언덕에 섰더니 6 그 중에 하나가 세마포 옷을 입은 자 곧 강물 위에 있는 자에게 이르되 이 기사의 끝이 어느 때까지냐 하기로 7 내가 들은즉 그 세마포 옷을 입고 강물 위에 있는 자가 그 좌우 손을 들어 하늘을 향하여 영생하시는 자를 가리켜 맹세하여 가로되 반드시 한 때 두 때 반 때를 지나서 성도의 권세가 다 깨어지기까지니 그렇게 되면 이 모든 일이 다 끝나리라 하더라" (단12:5-7)

다니엘이 본 천사가 강물 위에 서서 하나님을 향하여 말하는데 "그 좌우 손을 들어 하늘을 향하여 영생(永生)하시는 자를 가리켜 맹세하여 가로되 반드시 한 때 두 때 반 때를 지나서 성도의 권세가 다 깨어지기까지니 그렇게 되면 이 모든 일이 다 끝나리라"라고 했습니다. 천사가 하나님을 '영생(永生)하시는 자'라고 말하고 있습니다.

성경 전체를 통틀어서 영생(永生)하시는 분이라는 표현은 오직 하나님께만 사용되고 있습니다. 영생(永生)은 단순히 죽지 않고 영원히 사는 것이 아닙니다. 영으로 지음을 받은 천사도 죽지 않고 영원히 살고 사람에게도 영이 있어서 사람의 육체(肉體)는 흙으로 돌아가지만 영은 소멸(消滅)되지 않고 영계(靈界)에서 영원히 삽니다. 천사도 죽지 않고 영원히 살고 사람도 영으로는 영원히 사는데 영생이라고 하지 않습니다. 피조물(被造物)은 영생이 아닙니다. 끝이 없을 뿐만 아니라 시작도 없는 창조주 하나님 아버지의 생명이 바로 영생(永生)입니다.

하나님이 영원한 때 전에 우리에게 영생을 약속하신 목적은 하나님 아버지의 생명을 주신 친아들들을 얻기 위함입니다. 하나님 아버지의 생명을 주신 친아들들을 얻기 위해 영원한 때 전에 세우신 하나님의 계획이 하나님의 경륜(經綸)입니다.

3

예수 그리스도로 말미암아 하나님의 아들들을 얻으시는 것이 하나님의 경륜(經綸)입니다

성경을 기록하신 목적은 예수님이 하나님의 아들이심을 믿고 그 이름을 힘입어 생명을 얻게 하려는 것입니다.

── "오직 이것을 기록함은 너희로 예수께서 하나님의 아들 그리스도이심을 믿게 하려 함이요 또 너희로 믿고 그 이름을 힘입어 생명을 얻게 하려 함이니라"(요20:31)

하나님이 생명을 주셔서 믿는 자들에게 생명을 얻게 하시는 목적은 하나입니다. 생명을 얻은 자들로 하나님의 친아들들이 되게 하시는 것입니다. 예수님이 세상에 오신 목적도 생명을 얻게 하려는 것이라고 하셨습니다.

── "7 그러므로 예수께서 다시 이르시되 내가 진실로 진실로 너희에게 말하노니 나는 양의 문이라 8 나보다 먼저 온 자는 다 절도요 강도니 양들이 듣지 아니하였느니라 9 내가 문이니 누구든지 나로 말미암아 들어가면 구원을 얻고 또는 들어가

며 나오며 꼴을 얻으리라 10 도적이 오는 것은 도적질하고 죽이고 멸망시키려는 것뿐이요 내가 온 것은 양으로 생명을 얻게 하고 더 풍성히 얻게 하려는 것이라"(요10:7-10)

예수님이 오신 것은 "양으로 생명을 얻게 하고 더 풍성히 얻게 하려는 것"이라고 하셨습니다. 예수님이 세상에 오신 목적은 믿는 자들에게 생명을 주시기 위함입니다.

— "3 찬송하리로다 하나님 곧 우리 주 예수 그리스도의 아버지께서 그리스도 안에서 하늘에 속한 모든 신령한 복으로 우리에게 복 주시되 4 곧 창세 전에 그리스도 안에서 우리를 택하사 우리로 사랑 안에서 그 앞에 거룩하고 흠이 없게 하시려고 5 그 기쁘신 뜻대로 우리를 예정하사 예수 그리스도로 말미암아 자기의 아들들이 되게 하셨으니 6 이는 그의 사랑하시는 자 안에서 우리에게 거저 주시는바 그의 은혜의 영광을 찬미하게 하려는 것이라"(엡1:3-6)

하나님 아버지께서 창세 전에 그리스도 안에서 우리를 택하시고 예정(豫定)하셨는데 그 예정하신 것이 바로 예수 그리스도로 말미암아 자기의 아들들이 되게 하신 것입니다. 예정(豫定)은 하나님이 미리 정하신 것인데 어떻게 하나님의 아들들이 될 수 있는가를 정하셨습니다. 곧 하나님이 하나님의 아들들을 얻으시는 방법을 미리 정하셨습니다. 하나님의 아들들은 오직 예수 그리스도로 말미암아서만 얻으십니다. 어떻게 예수 그리스도로 말미암아 아들들을 얻으십니까? 하나님 아버지의 생명을 예수 그리스도를 통해서 믿는 자들에게 주심으로 아들들을 얻으십니다.

─── "14 모세가 광야에서 뱀을 든 것같이 인자도 들려야 하리니 15
이는 저를 믿는 자마다 영생을 얻게 하려 하심이니라 16 하나
님이 세상을 이처럼 사랑하사 독생자를 주셨으니 이는 저를
믿는 자마다 멸망치 않고 영생을 얻게 하려 하심이니라"(요
3:14-16)

예수님이 십자가에 달리신 것은 믿는 자마다 영생을 얻게 하려 하
심입니다. 아버지가 예수님을 세상에 보내신 것도 믿는 자마다 멸망
치 않고 영생을 얻게 하려 하심입니다. 예수님이 보내심을 받고 세상
에 오신 목적은 믿는 자들에게 영생을 주시기 위함입니다.

─── "47 진실로 진실로 너희에게 이르노니 믿는 자는 영생을 가졌
나니 48 내가 곧 생명의 떡이로라 49 너희 조상들은 광야에서
만나를 먹었어도 죽었거니와 50 이는 하늘로서 내려오는 떡
이니 사람으로 하여금 먹고 죽지 아니하게 하는 것이니라 51
나는 하늘로서 내려온 산 떡이니 사람이 이 떡을 먹으면 영생
하리라 나의 줄 떡은 곧 세상의 생명을 위한 내 살이로라 하
시니라"(요6:47-51)

예수님이 하늘에서 내려온 생명의 떡이라고 말씀하시면서 이 떡을
먹으면 영생한다고 말씀하셨습니다.

─── "52 이러므로 유대인들이 서로 다투어 가로되 이 사람이 어찌

능히 제 살을 우리에게 주어 먹게 하겠느냐 53 예수께서 이르시되 내가 진실로 진실로 너희에게 이르노니 인자의 살을 먹지 아니하고 인자의 피를 마시지 아니하면 너희 속에 생명이 없느니라 54 내 살을 먹고 내 피를 마시는 자는 영생을 가졌고 마지막 날에 내가 그를 다시 살리리니 55 내 살은 참된 양식이요 내 피는 참된 음료로다 56 내 살을 먹고 내 피를 마시는 자는 내 안에 거하고 나도 그 안에 거하나니 57 살아 계신 아버지께서 나를 보내시매 내가 아버지로 인하여 사는 것같이 나를 먹는 그 사람도 나로 인하여 살리라 58 이것은 하늘로서 내려온 떡이니 조상들이 먹고도 죽은 그것과 같지 아니하여 이 떡을 먹는 자는 영원히 살리라"(요6:52-58)

예수님이 하늘에서 내려온 '생명의 떡'이라고 말씀하시면서 "이는 내 살이라"고 하신 것을 들은 유대인들이 서로 다투어 "어찌 능히 제 살을 우리에게 주어 먹게 하겠느냐"라고 했습니다. 어찌 보면 이런 유대인들의 반응은 당연한 것처럼 보입니다. 그러나 유대인들은 예수님이 하신 말씀을 문자의 뜻으로만 이해를 했기 때문에 속뜻을 깨닫지 못하고 이런 반응을 보인 것입니다. 지금도 예수님이 하신 말씀의 뜻을 모르는 기독교인들은 말씀을 깨닫지 못하는 유대인들과 다를 바가 없어서 영생을 얻지 못하므로 구원을 받을 수 없습니다. 예수님이 자기의 살과 피를 먹고 마시라고 하신 말씀은 믿음으로 그리스도께서 너희 마음에 계시게 하라는 뜻입니다. 육체를 위하여 먹는 음식이 입으로 들어와 영양분이 되는 것처럼 생명의 양식이신 예수님이 믿는 자 안으로 들어오셔서 영생이 되신다는 뜻입니다.

> "26 예수께서 대답하여 가라사대 내가 진실로 진실로 너희에게 이르노니 너희가 나를 찾는 것은 표적을 본 까닭이 아니요 떡을 먹고 배부른 까닭이로다 27 썩는 양식을 위하여 일하지 말고 영생하도록 있는 양식을 위하여 하라 이 양식은 인자가 너희에게 주리니 인자는 아버지 하나님의 인치신 자니라"(요 6:26-27)

예수님이 보리떡 다섯 개와 물고기 두 마리로 5,000명을 먹이고 그 남은 것이 열두 광주리에 가득 찼지만 이것을 먹은 사람들이 영생을 얻지는 못합니다. 예수님이 주신 떡과 고기라 할지라도 그것은 썩는 양식이지 영생을 주는 양식이 아닙니다. 예수님이 오병이어의 표적을 보이신 이유는 예수님이 바로 하늘로부터 오신 생명의 양식이라는 것을 알게 하기 위함입니다. 생명의 양식은 영으로 먹어야 합니다. 곧 영에 들어오시는 그리스도가 생명이 되신다는 뜻입니다.

> "또 그리스도께서 너희 안에 계시면 몸은 죄로 인하여 죽은 것이나 영은 의를 인하여 산 것이니라"(롬8:10)

믿는 자의 영에 들어오신 그리스도로 말미암아 믿는 자의 영이 살아납니다. 그리스도가 생명이기 때문입니다.

> "믿음으로 말미암아 그리스도께서 너희 마음에 계시게 하옵시고 너희가 사랑 가운데서 뿌리가 박히고 터가 굳어져서"(엡3:17)

믿는 자들이 영생을 얻는다고 했습니다. 믿는 자들이 얻는 영생이 바로 그리스도입니다. 그래서 믿음은 그리스도께서 믿는 자의 마음에 계시는 것입니다.

영생은 창조되지 않은 하나님 아버지의 생명이라고 했습니다. 영원한 때 전에 영생을 주시기로 하나님이 미리 계획하신 것은 하나님의 아들들을 얻기 위함입니다. 사람들에게 영생을 주시려고 예수님이 세상에 오셨고 십자가에 달려 죽임을 당하셨습니다. 예수님이 십자가에서 죽임을 당하신 일은 죄 사함을 위해서 반드시 하셔야만 하는 일입니다. 십자가의 고통과 죽음이 너무나도 힘든 일이라서 예수님도 사람으로서는 그 일을 피하고 싶은 마음이 있었기 때문에 아버지께 기도를 드리면서 "만일 아버지의 뜻이어든 이 잔을 내게서 옮기시옵소서 그러나 내 원대로 마옵시고 아버지의 원대로 되기를 원하나이다"라고 하셨습니다.

—— "가라사대 아버지여 만일 아버지의 뜻이어든 이 잔을 내게서 옮기시옵소서 그러나 내 원대로 마옵시고 아버지의 원대로 되기를 원하나이다 하시니" (눅22:42)

예수님이 십자가에 죽임을 당하신 일로 두 가지가 이루어졌습니다. 첫째는 다시 죄를 위하여 제사드릴 것이 없도록 영원한 제사를 드리셨습니다. 그래서 믿음으로 누구나 죄 사함을 받을 수 있는 길이 열렸습니다.

—— "12 오직 그리스도는 죄를 위하여 한 영원한 제사를 드리시고 하나님 우편에 앉으사 13 그 후에 자기 원수들로 자기 발등상

이 되게 하실 때까지 기다리시나니 14 저가 한 제물로 거룩하
게 된 자들을 영원히 온전케 하셨느니라 15 또한 성령이 우리
에게 증거하시되 16 주께서 가라사대 그 날 후로는 저희와 세
울 언약이 이것이라 하시고 내 법을 저희 마음에 두고 저희
생각에 기록하리라 하신 후에 17 또 저희 죄와 저희 불법을
내가 다시 기억지 아니하리라 하셨으니 18 이것을 사하셨은
즉 다시 죄를 위하여 제사드릴 것이 없느니라"(히10:12-18)

둘째는 하나님의 아들들을 얻을 수 있는 많은 열매(씨)를 맺으셨습
니다. 하나님의 아들들을 얻을 수 있는 씨가 바로 그리스도입니다. 한
알의 밀로 오신 그리스도께서 십자가에서 죽임을 당하심으로 많은 열
매를 맺었습니다. 그 열매(씨)를 가지고 그리스도께서 아버지 안으로
가셨으므로 이제 아버지 안에는 많은 아들들을 얻을 수 있는 씨(그리스
도)가 있습니다.

— "내가 진실로 진실로 너희에게 이르노니 한 알의 밀이 땅에 떨
어져 죽지 아니하면 한 알 그대로 있고 죽으면 많은 열매를
맺느니라"(요12:24)
"예수께서 신 포도주를 받으신 후 가라사대 다 이루었다 하시
고 머리를 숙이시고 영혼이 돌아가시니라"(요19:30)

예수님이 십자가에서 다 이루었다고 말씀하신 것은 바로 하나님의
경륜을 이루기 위한 일을 다 이루셨다는 말씀입니다. 죄 사함을 위한
영원한 제사를 드리셨고 또 많은 하나님의 아들들을 얻을 수 있는 열
매를 맺었으므로 예수님은 아버지의 뜻을 다 이루셨습니다.

"내 아버지의 뜻은 아들을 보고 믿는 자마다 영생을 얻는 이것이니 마지막 날에 내가 이를 다시 살리리라 하시니라"(요6:40)

아버지의 뜻은 아들을 보고 믿는 자마다 영생을 얻는 것입니다. 영생을 얻는 자마다 하나님의 아들들이 됩니다. 믿는 자만 영생을 얻을 수 있습니다. 영생이 예수 그리스도입니다.

—　　"10 하나님의 아들을 믿는 자는 자기 안에 증거가 있고 하나님을 믿지 아니하는 자는 하나님을 거짓말하는 자로 만드나니 이는 하나님께서 그 아들에 관하여 증거하신 증거를 믿지 아니하였음이라 11 또 증거는 이것이니 하나님이 우리에게 영생을 주신 것과 이 생명이 그의 아들 안에 있는 그것이니라 12 아들이 있는 자에게는 생명이 있고 하나님의 아들이 없는 자에게는 생명이 없느니라"(요일5:10-12)
"또 아는 것은 하나님의 아들이 이르러 우리에게 지각을 주사 우리로 참된 자를 알게 하신 것과 또한 우리가 참된 자 곧 그의 아들 예수 그리스도 안에 있는 것이니 그는 참 하나님이시요 영생이시라"(요일5:20)

하나님을 믿는 자는 자기 안에 증거가 있어야 합니다. 그 증거는 하나님이 영생을 주신 것인데 생명이 아들 안에 있으므로 아들이 있는 자에게는 생명이 있고 하나님의 아들이 없는 자에게는 생명이 없습니다. 예수 그리스도가 참 하나님이시오, 영생입니다. 예수 그리스도로 말미암아 많은 아들들을 얻는 것이 영원한 때 전에 세우신 하나님의 경륜입니다.

제9장

믿는 자들이 하나님의
친아들 주 예수가
되는 것이 구원입니다

《 1 》

첫 열매이신 그리스도로 말미암아
믿는 자들도 첫 열매가 됩니다

그리스도가 먼저 첫 열매가 되셨습니다. 그리스도께서 첫 열매가 되신 이유는 믿는 자들도 첫 열매가 되게 하기 위함입니다.

> "20 그러나 이제 그리스도께서 죽은 자 가운데서 다시 살아 잠 자는 자들의 첫 열매가 되셨도다 21 사망이 사람으로 말미암 았으니 죽은 자의 부활도 사람으로 말미암는도다 22 아담 안 에서 모든 사람이 죽은 것같이 그리스도 안에서 모든 사람이 삶을 얻으리라 23 그러나 각각 자기 차례대로 되리니 먼저는 첫 열매인 그리스도요 다음에는 그리스도 강림하실 때에 그 에게 붙은 자요" (고전15:20-23)

그리스도께서 죽은 자 가운데서 다시 살아 잠자는 자들의 첫 열매 가 되셨습니다. 아담 안에서 모든 사람이 죽었는데 그리스도 안에서 모든 사람이 살아납니다. 첫 열매가 되신 그리스도에게 붙은 자가 있 는데 이 사람들이 바로 삶을 얻어서 첫 열매가 되는 사람들입니다. 그 리스도의 재림(再臨)과 강림(降臨)은 믿는 자 안에서 또 믿는 자의 몸에서 이루어지는 사건입니다. 그리스도께서 믿는 자 안에 들어오시는 것이 재림(再臨)입니다. 재림(再臨)하신 그리스도께서 믿는 자의 몸에 사시므로 믿는 자의 몸이 그리스도의 몸이 되는 것이 강림(降臨)입니다. 믿는 자가 첫 열매가 되신 그리스도에게 붙어서 그리스도와 똑같은 상태가 되는 것이 그리스도의 강림(降臨)입니다.

— "그가 그 조물 중에 우리로 한 첫 열매가 되게 하시려고 자기의 뜻을 좇아 진리의 말씀으로 우리를 낳으셨느니라"(약1:18)

이미 그리스도께서 첫 열매가 되셨는데 믿는 자들을 또 첫 열매가 되게 하신다고 했습니다. 그래서 첫 열매는 순서를 말하는 것이 아니라 상태를 말하는 것입니다. 믿는 자들을 그리스도와 똑같은 상태가 되게 하신다는 뜻입니다. 어떻게 믿는 자들을 그리스도와 똑같은 상태가 되게 하십니까? 첫 열매이신 그리스도를 믿는 자에게 주셔서 첫 열매가 되게 하십니다.

— "이뿐 아니라 또한 우리 곧 성령의 처음 익은 열매를 받은 우리까지도 속으로 탄식하여 양자 될 것 곧 우리 몸의 구속을 기다리느니라"(롬8:23)

성령의 처음 익은 열매 곧 첫 열매가 되신 그리스도를 믿는 자들에게 주셔서 믿는 자들의 몸의 구속을 기다리게 하십니다. 믿는 자들의 몸이 구속되는 것은 그리스도와 똑같은 상태가 되는 것입니다. 믿는 자들을 그리스도와 똑같은 상태가 되게 하려면 믿는 각 사람 속에 그리스도가 들어오셔야 합니다. 예수님이 십자가에서 죽으심으로 많은 열매를 맺어서(요12:24) 아버지께로 가셨는데 그때 맺어진 많은 열매가 바로 '그리스도'입니다. 예수님이 아버지께로 가신 후에는 (예수님이 아버지 안으로 가셨으므로) 아버지 안에 모든 믿는 자들에게 얼마든지 나누어 주셔도 부족함이 없는 '그리스도'라는 씨가 있어서 "내가 그리스도와 함께 십자가에서 죽었다"라고 믿는 자들에게 씨(그리스도)를 주셔서 하나님의 친아들들이 되게 하십니다.

> "1 또 내가 보니 보라 어린 양이 시온 산에 섰고 그와 함께 십사만 사천이 섰는데 그 이마에 어린 양의 이름과 그 아버지의 이름을 쓴 것이 있도다 2 내가 하늘에서 나는 소리를 들으니 많은 물 소리도 같고 큰 뇌성도 같은데 내게 들리는 소리는 거문고 타는 자들의 그 거문고 타는 것 같더라 3 저희가 보좌와 네 생물과 장로들 앞에서 새 노래를 부르니 땅에서 구속함을 얻은 십사만 사천 인밖에는 능히 이 노래를 배울 자가 없더라 4 이 사람들은 여자로 더불어 더럽히지 아니하고 정절이 있는 자라 어린 양이 어디로 인도하든지 따라가는 자며 사람 가운데서 구속을 받아 처음 익은 열매로 하나님과 어린 양에게 속한 자들이니 5 그 입에 거짓말이 없고 흠이 없는 자들이더라" (계14:1-5)

땅에서 구속함을 얻은 십 사만 사천이 있는데 이 사람들은 어린 양이 어디로 인도하든지 따라가는 자며 사람 가운데서 구속을 받은 처음 익은 열매로 하나님과 어린 양에게 속한 자들이니 그 입에 거짓말이 없고 흠이 없는 자들이라고 했습니다. 첫 열매가 되신 그리스도와 똑같은 상태가 되어서 그 몸에서 그리스도의 강림(降臨)이 이루어진 사람들입니다. 이 사람들의 수(數)가 십 사만 사천이라고 했는데 이 숫자 또한 상태를 말하는 것이지 문자의 뜻으로 수(數)를 말하는 것이 아닙니다.

———　"4 내가 인 맞은 자의 수를 들으니 이스라엘 자손의 각 지파 중에서 인 맞은 자들이 십사만 사천이니 5 유다 지파 중에 인 맞은 자가 일만 이천이요 르우벤 지파 중에 일만 이천이요 갓 지파 중에 일만 이천이요 6 아셀 지파 중에 일만 이천이요 납달리 지파 중에 일만 이천이요 므낫세 지파 중에 일만 이천이요 7 시므온 지파 중에 일만 이천이요 레위 지파 중에 일만 이천이요 잇사갈 지파 중에 일만 이천이요 스불론 지파 중에 일만 이천이요 요셉 지파 중에 일만 이천이요 베냐민 지파 중에 인 맞은 자가 일만 이천이라"(계7:4-8)

인 맞은 자들의 수가 십사만 사천이 되는 근거는 요한계시록 7장에 잘 나와 있습니다. 이스라엘 12지파에서 각 일만 이천 명의 인(印) 맞은 자들이 있어서 이 수가 십 사만 사천이라고 했습니다. 이 말씀을 문자의 뜻으로만 보면 이스라엘 자손들이 인 맞은 십 사만 사천이 되어야 하는데 그들은 예수님을 믿지 않고 지금도 오직 여호와만 유일하신 하나님으로 믿는 자들입니다. 그런데 요한계시록 14장에 십 사만 사천의 인 맞은 자들은 어린 양(예수)이 어디로 인도하든지 따라가는 자들이라고 했습니다. 이제는 표면적 유대인이 유대인이 아니며 이면적 유대인이 유대인이요, 누구든지 믿음으로 말미암은 자들이 아브라함의 아들이라고 했습니다.

"28 대저 표면적 유대인이 유대인이 아니요 표면적 육신의 할례가 할례가 아니라 29 오직 이면적 유대인이 유대인이며 할례는 마음에 할지니 신령에 있고 의문에 있지 아니한 것이라 그 칭찬이 사람에게서가 아니요 다만 하나님에게서니라"(롬 2:28-29)

"6 아브라함이 하나님을 믿으매 이것을 그에게 의로 정하셨다 함과 같으니라 7 그런즉 믿음으로 말미암은 자들은 아브라함의 아들인 줄 알지어다 8 또 하나님이 이방을 믿음으로 말미암아 의로 정하실 것을 성경이 미리 알고 먼저 아브라함에게 복음을 전하되 모든 이방이 너를 인하여 복을 받으리라 하였으니 9 그러므로 믿음으로 말미암은 자는 믿음이 있는 아브라함과 함께 복을 받느니라"(갈3:6-9)

땅에서 구속함을 받은 십사만 사천의 사람들은 첫 열매이신 그리스도와 똑같은 상태가 된 사람들을 말하는데 십 사만 사천이라는 숫자는 12지파에서 일만 이천 명이 나오므로 12×12,000=144,000이 된 것입니다. 성경에 12라는 숫자는 하나님과 사람의 연합을 의미합니다. 숫자 4는 땅 사방(四方)을 뜻하며 이것은 피조물의 수입니다. 숫자 3은 삼위로 일하시는 하나님을 뜻합니다. 그래서 숫자 3은 하나님의 완전수입니다. 4(피조물)×3(삼위로 일하시는 하나님)=12입니다. 숫자 12는 사람이 하나님과 연합되어 완성된 최종적인 상태를 의미합니다. 그래서 구약에는 12지파가 있고 신약에는 12제자가 있으며 요한계시록에는 24장로가 나옵니다.

"10 성령으로 나를 데리고 크고 높은 산으로 올라가 하나님께로부터 하늘에서 내려오는 거룩한 성 예루살렘을 보이니 11 하나님의 영광이 있으매 그 성의 빛이 지극히 귀한 보석 같고 벽옥과 수정같이 맑더라 12 크고 높은 성곽이 있고 열두 문이 있는데 문에 열두 천사가 있고 그 문들 위에 이름을 썼으니 이스라엘 자손 열두 지파의 이름들이라 13 동편에 세 문, 북편에 세 문, 남편에 세 문, 서편에 세 문이니 14 그 성에 성곽은 열두 기초석이 있고 그 위에 어린 양의 십이 사도의 열두 이름이 있더라 15 내게 말하는 자가 그 성과 그 문들과 성곽을 척량하려고 금갈대를 가졌더라 16 그 성은 네모가 반듯하여 장광이 같은지라 그 갈대로 그 성을 척량하니 일만 이천 스다디온이요 장과 광과 고가 같더라 17 그 성곽을 척량하매 일백사십사 규빗이니 사람의 척량 곧 천사의 척량이라 18 그 성곽은 벽옥으로 쌓였고 그 성은 정금인데 맑은 유리 같더라 19 그 성의 성곽의 기초석은 각색 보석으로 꾸몄는데 첫째 기초석은 벽옥이요 둘째는 남보석이요 세째는 옥수요 네째는 녹보석이요 20 다섯째는 홍마노요 여섯째는 홍보석이요 일곱째는 황옥이요 여덟째는 녹옥이요 아홉째는 담황옥이요 열째는 비취옥이요 열한째는 청옥이요 열둘째는 자정이라 21 그 열두 문은 열두 진주니 문마다 한 진주요 성의 길은 맑은 유리 같은 정금이더라 22 성 안에 성전을 내가 보지 못하였으니 이는 주 하나님 곧 전능하신 이와 및 어린 양이 그 성전이심이라 23 그 성은 해나 달의 비췸이 쓸데없으니 이는 하나님의 영광이 비취고 어린 양이 그 등이 되심이라" (계21:10-23)

하나님께로부터 하늘에서 내려오는 거룩한 성 새 예루살렘이 있는데 12문이 있고 그 문들 위에 이스라엘 자손 12지파의 이름이 있고 그 성에 성곽은 12기초석이 있고 그 위에 어린 양의 12사도의 이름이 있고 그 성을 척량하니 12,000스다디온이요, 성곽은 144규빗이라고 했습니다. 하늘에서 내려오는 거룩한 성 예루살렘은 어떤 건축물이 땅으로 내려오는 것이 아닙니다. 12의 상태로 이루어지는 하나님과 사람의 연합을 말씀하는 것입니다.

———   "하나님이 또 모세에게 이르시되 너는 이스라엘 자손에게 이 같이 이르기를 나를 너희에게 보내신 이는 너희 조상의 하나님 곧 아브라함의 하나님, 이삭의 하나님, 야곱의 하나님 여호와라 하라 이는 나의 영원한 이름이요 대대로 기억할 나의 표호니라" (출3:15)
"나는 아브라함의 하나님이요 이삭의 하나님이요 야곱의 하나님이로라 하신 것을 읽어 보지 못하였느냐 하나님은 죽은 자의 하나님이 아니요 산 자의 하나님이시니라 하시니" (마 22:32)

하나님은 아브라함의 하나님, 이삭의 하나님, 야곱의 하나님이라고 말씀하신 곳이 성경에 많이 기록되어 있습니다. 아브라함과 이삭과 야곱의 삼대에 걸쳐서 하나님이 함께하셨고 하나님이 야곱에게 복을 주시므로 야곱이 이스라엘(하나님과 겨루어 이긴 자)이 되었고 야곱이 부인 4명으로부터 12자식을 낳아서 이 자식들이 이스라엘의 12지파가 됩니다. 이 또한 하나님이 사람과 연합하시므로 하나님의 나라를 이루시는 일에 대한 예표로 기록된 것입니다. 숫자의 상태를 모르고 하나님의 말씀을 모르는 S파 이단 교주 이○○는 이 144,000의 숫자로 사람들을 미혹해서 전국에 예수님의 12제자의 이름을 딴 교회를 세우고 자기가 세운 단체에 들어온 자들만 구원받을 수 있다는 교리를 내세워 많은 영혼들을 지옥 불에 밀어 넣고 있습니다. 하나님이 어떻게 일하시는지 모르면 누구라도 잘못된 이단 교리에 빠져서 지옥 불에 들어가게 됩니다. 성경 전체는 하나님이 하나님의 형상을 따라 지으신 사람에게 생명을 주셔서 하나님의 친아들들을 낳는 말씀입니다. 첫 열매이신 그리스도를 믿는 자들에게 주셔서 믿는 자들도 첫 열매가 되게 하시는 것입니다.

2

예수 그리스도가 성전이시므로
믿는 자들도 성전이 됩니다

유월절에 예수님이 예루살렘으로 가셔서 성전 안에서 소와 양과 비둘기 파는 사람들과 돈 바꾸는 사람들의 앉은 것을 보시고 노끈으로 채찍을 만들어 짐승들을 다 내어 쫓으시고 그들의 돈을 쏟으시며 상을 엎으시고 "내 아버지 집으로 장사하는 집을 만들지 말라"고 하셨는데 유대인들이 예수님께 "네가 이런 일을 행하니 무슨 표적을 우리에게 보이겠느뇨"라고 하자 "너희가 이 성전을 헐라 내가 사흘 동안에 일으키리라"라고 말씀하셨습니다.

———
"13 유대인의 유월절이 가까운지라 예수께서 예루살렘으로 올라가셨더니 14 성전 안에서 소와 양과 비둘기 파는 사람들과 돈 바꾸는 사람들의 앉은 것을 보시고 15 노끈으로 채찍을 만드사 양이나 소를 다 성전에서 내어쫓으시고 돈 바꾸는 사람들의 돈을 쏟으시며 상을 엎으시고 16 비둘기 파는 사람들에게 이르시되 이것을 여기서 가져가라 내 아버지의 집으로 장사하는 집을 만들지 말라 하시니 17 제자들이 성경 말씀에 주의 전을 사모하는 열심이 나를 삼키리라 한 것을 기억하더라 18 이에 유대인들이 대답하여 예수께 말하기를 네가 이런 일을 행하니 무슨 표적을 우리에게 보이겠느뇨 19 예수께서 대답하여 가라사대 너희가 이 성전을 헐라 내가 사흘 동안에 일으키리라 20 유대인들이 가로되 이 성전은 사십륙 년 동안에 지었거늘 네가 삼 일 동안에 일으키겠느뇨 하더라 21 그러나 예수는 성전된 자기 육체를 가리켜 말씀하신 것이라"(요 2:13-21)

예수님이 사흘 동안에 성전을 일으키겠다고 하시자 이 말씀을 들은 유대인들은 사십육 년 동안 지어진 헤롯 성전을 생각할 수밖에 없었지만 예수님은 성전 된 자기 육체를 가리켜 말씀하신 것이라고 했습니다. 예수님은 사람으로 계셨을 때 성전이십니다. 성전이 있고 거기에 하나님이 계신 것이 아니라 하나님이 계신 곳이 곧 성전입니다. 예수님이 성전이신 이유는 하나님 아버지가 예수님 안에 계셨기 때문입니다.

"7 너희가 나를 알았더면 내 아버지도 알았으리로다 이제부터는 너희가 그를 알았고 또 보았느니라 8 빌립이 가로되 주여 아버지를 우리에게 보여 주옵소서 그리하면 족하겠나이다 9 예수께서 가라사대 빌립아 내가 이렇게 오래 너희와 함께 있으되 네가 나를 알지 못하느냐 나를 본 자는 아버지를 보았거늘 어찌하여 아버지를 보이라 하느냐 10 나는 아버지 안에 있고 아버지는 내 안에 계신 것을 네가 믿지 아니하느냐 내가 너희에게 이르는 말이 스스로 하는 것이 아니라 아버지께서 내 안에 계셔 그의 일을 하시는 것이라 11 내가 아버지 안에

있고 아버지께서 내 안에 계심을 믿으라 그렇지 못하겠거든
행하는 그 일을 인하여 나를 믿으라"(요14:7-11)
"나와 아버지는 하나이니라 하신대"(요10:30)

예수님 안에 아버지가 계셔서 아버지의 일을 하시는 것이므로 예수
님이 하신 일은 곧 아버지의 일이라고 하셨습니다. 그래서 나를 보고
아버지를 믿지 못하겠거든 행하는 일을 보고 믿으라고 말씀하셨습니
다. 예수님과 아버지가 하나이신 것은 예수님 안에 아버지가 계시고
예수님은 아버지 안에 계시기 때문입니다. 사람으로서 최초로 성전
이 되신 분이 예수 그리스도입니다. 예수님이 성전이 되신 이유는 믿
는 자들도 예수님과 똑같이 성전이 되게 하기 위함입니다. 사람이 성
전이 될 수 있는 방법이 있는데 하나님이 계신 곳이 성전이므로 하나
님이 사람 안에 들어오시는 것입니다. 사람을 성전이 되게 하시려고
하나님이 사람 속에 들어오시는데 사람 속에 들어오신 하나님이 바로
그리스도입니다.

"조상들도 저희 것이요 육신으로 하면 그리스도가 저희에게
서 나셨으니 저는 만물 위에 계셔 세세에 찬양을 받으실 하나
님이시니라 아멘"(롬9:5)
"13 너희 안에서 행하시는 이는 하나님이시니 자기의 기쁘신
뜻을 위하여 너희로 소원을 두고 행하게 하시나니 14 모든 일
을 원망과 시비가 없이 하라"(빌2:13-14)
"16 그 영광의 풍성을 따라 그의 성령으로 말미암아 너희 속
사람을 능력으로 강건하게 하옵시며 17 믿음으로 말미암아
그리스도께서 너희 마음에 계시게 하옵시고 너희가 사랑 가

운데서 뿌리가 박히고 터가 굳어져서 18 능히 모든 성도와 함께 지식에 넘치는 그리스도의 사랑을 알아 19 그 넓이와 길이와 높이와 깊이가 어떠함을 깨달아 하나님의 모든 충만하신 것으로 너희에게 충만하게 하시기를 구하노라"(엡3:16-19)

세세에 찬양받으실 하나님이신 그리스도가 믿는 자 안에서 행하시는 하나님이시며 믿는 자들 속에 계신 하나님이십니다.

— "16 너희가 하나님의 성전인 것과 하나님의 성령이 너희 안에 거하시는 것을 알지 못하느뇨 17 누구든지 하나님의 성전을 더럽히면 하나님이 그 사람을 멸하시리라 하나님의 성전은 거룩하니 너희도 그러하니라"(고전3:16-17)
"14 너희는 믿지 않는 자와 멍에를 같이 하지 말라 의와 불법이 어찌 함께 하며 빛과 어두움이 어찌 사귀며 15 그리스도와 벨리알이 어찌 조화되며 믿는 자와 믿지 않는 자가 어찌 상관하며 16 하나님의 성전과 우상이 어찌 일치가 되리요 우리는 살아 계신 하나님의 성전이라 이와 같이 하나님께서 가라사대 내가 저희 가운데 거하며 두루 행하여 나는 저희 하나님이 되고 저희는 나의 백성이 되리라 하셨느니라 17 그러므로 주께서 말씀하시기를 너희는 저희 중에서 나와서 따로 있고 부정한 것을 만지지 말라 내가 너희를 영접하여 18 너희에게 아버지가 되고 너희는 내게 자녀가 되리라 전능하신 주의 말씀이니라 하셨느니라"(고후6:14-18)

믿는 자들이 하나님의 성전이므로 누구든지 하나님의 성전을 더럽히면 하나님이 그 사람을 멸하신다고 했습니다. 믿는 자들이 살아 계신 하나님의 성전이라고 했습니다. 살아 계신 하나님이 믿는 자 안에 계신다는 뜻입니다. 믿는 자 속에는 믿는 자의 생명이 되시는 그리스도와 그 일을 보증하시는 성령이 함께 계십니다.

— "9 만일 너희 속에 하나님의 영이 거하시면 너희가 육신에 있지 아니하고 영에 있나니 누구든지 그리스도의 영이 없으면 그리스도의 사람이 아니라 10 또 그리스도께서 너희 안에 계시면 몸은 죄로 인하여 죽은 것이나 영은 의를 인하여 산 것이니라" (롬8:9-10)
"성령이 친히 우리 영으로 더불어 우리가 하나님의 자녀인 것을 증거하시나니" (롬8:16)
"21 우리를 너희와 함께 그리스도 안에서 견고케 하시고 우리에게 기름을 부으신 이는 하나님이시니 22 저가 또한 우리에게 인치시고 보증으로 성령을 우리 마음에 주셨느니라" (고후 1:21-22)

그리스도께서 믿는 자 안에 들어오시면 몸은 죄로 인하여 죽은 것이나 영은 의를 인하여 살았다고 했습니다. 처음에는 그리스도께서 믿는 자의 영에 들어오시고 그다음에 죄로 죽은 몸을 살리시는데 믿는 자가 하나님의 자녀인 것을 성령이 믿는 자의 영으로 더불어 증거하신다고 했습니다. 믿는 자들에게 기름을 부으시고 또한 인 치시고 보증으로 성령을 믿는 자들의 마음에 주셨습니다.

— "19 너희 몸은 너희가 하나님께로부터 받은바 너희 가운데 계

신 성령의 전인 줄을 알지 못하느냐 너희는 너희의 것이 아니
라 20 값으로 산 것이 되었으니 그런즉 너희 몸으로 하나님께
영광을 돌리라"(고전6:19-20)

믿는 자의 몸이 거룩한 성령의 전이 됩니다. 몸이 거룩한 성전이 된
사람이 그 몸으로 하나님께 영광을 돌릴 수가 있습니다. 믿는 자의 몸
을 하나님이 기뻐 받으시는 거룩한 산 제사로 드리라고 했습니다.

—— "그러므로 형제들아 내가 하나님의 모든 자비하심으로 너희
를 권하노니 너희 몸을 하나님이 기뻐하시는 거룩한 산 제사
로 드리라 이는 너희의 드릴 영적 예배니라"(롬12:1)

거룩한 성전이 된 믿는 자의 몸을 하나님께 드리는 제사가 바로 산
제사입니다. 왜 산 제사입니까? 피를 흘리는 제사가 아니라 믿는 자의
육체가 살아 있을 때 믿는 자의 거룩해진 몸을 하나님께 드리는 제사
이므로 산 제사입니다.

—— "4 사람에게는 버린 바가 되었으나 하나님께는 택하심을 입은
보배로운 산 돌이신 예수에게 나아와 5 너희도 산 돌같이 신령
한 집으로 세워지고 예수 그리스도로 말미암아 하나님이 기쁘
게 받으실 신령한 제사를 드릴 거룩한 제사장이 될지니라"(벧
전2:4-5)

하나님께 택하심을 입은 보배로운 산 돌이신 예수님과 같이 믿는
우리도 산 돌같이 신령한 집으로 세워지고 하나님이 기쁘게 받으실

신령한 제사(거룩해진 믿는 자의 몸)를 드릴 거룩한 제사장이 되라고 했습니다. 예수님은 육체를 가진 사람이실 때 하나님의 거룩한 성전이신 분입니다. 믿는 자들도 예수님과 같이 육체가 있을 때 살아 계신 하나님의 거룩한 성전이 되어야 합니다.

예수님은 대제사장이시고
믿는 자들은 제사장이 됩니다

예수님은 멜기세덱의 반차(班次)를 좇은 대제사장이 되어 오직 자기 피로 영원한 속죄를 이루사 단번에 성소에 들어가셨습니다.

— "14 그러므로 우리에게 큰 대제사장이 있으니 승천하신 자 곧 하나님 아들 예수시라 우리가 믿는 도리를 굳게 잡을지어다 15 우리에게 있는 대제사장은 우리 연약함을 체휼하지 아니하는 자가 아니요 모든 일에 우리와 한결같이 시험을 받은 자로되 죄는 없으시니라"(히4:14-15)
"1 대제사장마다 사람 가운데서 취한 자이므로 하나님께 속한 일에 사람을 위하여 예물과 속죄하는 제사를 드리게 하나니 2 저가 무식하고 미혹한 자를 능히 용납할 수 있는 것은 자기도 연약에 싸여 있음이니라 3 이러므로 백성을 위하여 속죄제를 드림과 같이 또한 자기를 위하여 드리는 것이 마땅하니라"(히 5:1-3)
"19 우리가 이 소망이 있는 것은 영혼의 닻 같아서 튼튼하고 견고하여 휘장 안에 들어가나니 20 그리로 앞서 가신 예수께

서 멜기세덱의 반차를 좇아 영원히 대제사장이 되어 우리를 위하여 들어가셨느니라"(히6:19-20)

"11 그리스도께서 장래 좋은 일의 대제사장으로 오사 손으로 짓지 아니한 곧 이 창조에 속하지 아니한 더 크고 온전한 장막으로 말미암아 12 염소와 송아지의 피로 아니하고 오직 자기 피로 영원한 속죄를 이루사 단번에 성소에 들어가셨느니라"
(히9:11-12)

아론의 반차를 좇아 사람 가운데서 취한 자들은 백성을 위하여 속죄제를 드림 같이 자기를 위하여 속죄제를 드리는 것이 마땅한 자들입니다. 그러나 예수님은 죄가 없는 하나님의 아들로서 멜기세덱의 반차를 좇은 대제사장이 되셨습니다.

— "5 또한 이와 같이 그리스도께서 대제사장 되심도 스스로 영광을 취하심이 아니요 오직 말씀하신 이가 저더러 이르시되 너는 내 아들이니 내가 오늘날 너를 낳았다 하셨고 6 또한 이와 같이 다른 데 말씀하시되 네가 영원히 멜기세덱의 반차를 좇는 제사장이라 하셨으니 7 그는 육체에 계실 때에 자기를 죽음에서 능히 구원하실 이에게 심한 통곡과 눈물로 간구와 소원을 올렸고 그의 경외하심을 인하여 들으심을 얻었느니라 8 그가 아들이시라도 받으신 고난으로 순종함을 배워서 9 온전하게 되었은즉 자기를 순종하는 모든 자에게 영원한 구원의 근원이 되시고 10 하나님께 멜기세덱의 반차를 좇은 대제사장이라 칭하심을 받았느니라"(히5:5-10)

"1 이 멜기세덱은 살렘 왕이요 지극히 높으신 하나님의 제사장이라 여러 임금을 쳐서 죽이고 돌아오는 아브라함을 만나 복을 빈 자라 2 아브라함이 일체 십분의 일을 그에게 나눠 주니라 그 이름을 번역한즉 첫째 의의 왕이요 또 살렘 왕이니 곧 평강의 왕이요 3 아비도 없고 어미도 없고 족보도 없고 시작한 날도 없고 생명의 끝도 없어 하나님 아들과 방불하여 항상 제사장으로 있느니라"(히7:1-3)

"26 이러한 대제사장은 우리에게 합당하니 거룩하고 악이 없고 더러움이 없고 죄인에게서 떠나 계시고 하늘보다 높이 되신 자라 27 저가 저 대제사장들이 먼저 자기 죄를 위하고 다음에 백성의 죄를 위하여 날마다 제사드리는 것과 같이 할 필요가 없으니 이는 저가 단번에 자기를 드려 이루셨음이니라 28 율법은 약점을 가진 사람들을 제사장으로 세웠거니와 율법 후에 하신 맹세의 말씀은 영원히 온전케 되신 아들을 세우셨느니라"(히7:26-28)

흠 없는 자기를 하나님께 드린 그리스도께서 자기의 피로 영원한 속죄를 이루시고 영원한 제사를 드리셨으므로 다시는 죄를 위하여 제사를 드릴 필요가 없어졌습니다.

——　　"12 오직 그리스도는 죄를 위하여 한 영원한 제사를 드리시고 하나님 우편에 앉으사 13 그 후에 자기 원수들로 자기 발등상이 되게 하실 때까지 기다리시나니 14 저가 한 제물로 거룩하게 된 자들을 영원히 온전케 하셨느니라 15 또한 성령이 우리에게 증거하시되 16 주께서 가라사대 그 날 후로는 저희와 세울 언약이 이것이라 하시고 내 법을 저희 마음에 두고 저

희 생각에 기록하리라 하신 후에 17 또 저희 죄와 저희 불법을 내가 다시 기억지 아니하리라 하셨으니 18 이것을 사하셨은즉 다시 죄를 위하여 제사드릴 것이 없느니라 19 그러므로 형제들아 우리가 예수의 피를 힘입어 성소에 들어갈 담력을 얻었나니 20 그 길은 우리를 위하여 휘장 가운데로 열어 놓으신 새롭고 산 길이요 휘장은 곧 저의 육체니라 21 또 하나님의 집 다스리는 큰 제사장이 계시매 22 우리가 마음에 뿌림을 받아 양심의 악을 깨닫고 몸을 맑은 물로 씻었으니 참 마음과 온전한 믿음으로 하나님께 나아가자"(히10:12-22)

예수 그리스도의 피로 우리 죄에서 우리를 해방하시고 아버지 하나님을 위하여 우리를 나라와 제사장으로 삼으셨습니다.

——　　"5 또 충성된 증인으로 죽은 자들 가운데서 먼저 나시고 땅의 임금들의 머리가 되신 예수 그리스도로 말미암아 은혜와 평강이 너희에게 있기를 원하노라 우리를 사랑하사 그의 피로 우리 죄에서 우리를 해방하시고 6 그 아버지 하나님을 위하여 우리를 나라와 제사장으로 삼으신 그에게 영광과 능력이 세세토록 있기를 원하노라 아멘"(계1:5-6)
　　"9 새 노래를 노래하여 가로되 책을 가지시고 그 인봉을 떼기에 합당하시도다 일찍 죽임을 당하사 각 족속과 방언과 백성과 나라 가운데서 사람들을 피로 사서 하나님께 드리시고 10 저희로 우리 하나님 앞에서 나라와 제사장을 삼으셨으니 저희가 땅에서 왕 노릇 하리로다 하더라"(계5:9-10)

각 족속과 백성과 나라 가운데서 사람들을 피로 사서 하나님께 드리시고 피로 사신 그들을 하나님 앞에서 나라와 제사장을 삼으셨습니다. 제사장이 하는 일은 하나님께 제사를 드리는 것입니다. 이제는 피를 가지고 드리는 제사는 없지만 거룩한 성전이 된 믿는 자의 몸을 하나님께 드리는 산 제사가 있습니다. 산 제사를 하나님께 드리게 하시려고 믿는 자들을 그리스도의 피로 사서 하나님의 제사장을 삼으셨습니다. 예수님은 자기의 피로 영원한 제사를 드린 대제사장이신데 또한 믿는 자들을 자기 피로 사서 하나님께 드리시고 하나님께 거룩한 산 제사를 드릴 제사장을 삼으셨습니다.

《 4 》

만왕의 왕이신 그리스도와 함께
믿는 자들이 땅에서 왕 노릇 합니다

예수님이 그리스도, 곧 메시야로 오신 것을 믿고 예수님을 따르던 제자들과 유대인들은 예수님이 세상 나라 이스라엘의 왕으로 오신다고 믿었습니다.

> "12 그 이튿날에는 명절에 온 큰 무리가 예수께서 예루살렘으로 오신다 함을 듣고 13 종려나무 가지를 가지고 맞으러 나가 외치되 호산나 찬송하리로다 주의 이름으로 오시는 이 곧 이스라엘의 왕이시여 하더라" (요12:12-13)

예수님이 예루살렘에 오신다는 소식을 들은 사람들이 종려나무 가지를 가지고 맞으러 나가 "호산나 찬송하리로다 주의 이름으로 오시는 이 곧 이스라엘의 왕이시여"라고 했습니다. 여기서 '호산나'는 "이제 구원하소서"라는 뜻을 가지고 있습니다. 예수님 당시에 이스라엘은 로마의 지배를 받는 착취(搾取) 식민지(植民地)로서 백성들의 삶이 좋을 수가 없었습니다. 유대인들은 이스라엘을 구원할 구원자를 하나님이 보내신다는 '메시아 대망사상(待望思想)'을 가지고 있었습니다. 때마침 예수님이 행하시는 표적들을 보고 예수님이 바로 메시아라고 믿는 자들이 많았습니다. 예수님의 제자들조차도 예수님이 세상 나라 이스라엘의 왕이 되려고 오신 것이라고 믿고 있었습니다.

> "20 그때에 세베대의 아들의 어미가 그 아들들을 데리고 예수께 와서 절하며 무엇을 구하니 21 예수께서 가라사대 무엇을 원하느뇨 가로되 이 나의 두 아들을 주의 나라에서 하나는 주의 우편에, 하나는 주의 좌편에 앉게 명하소서 22 예수께서 대답하여 가라사대 너희 구하는 것을 너희가 알지 못하는도다 나의 마시려는 잔을 너희가 마실 수 있느냐 저희가 말하되 할 수 있나이다 23 가라사대 너희가 과연 내 잔을 마시려니와 내 좌우편에 앉는 것은 나의 줄 것이 아니라 내 아버지께서 누구를 위하여 예비하셨든지 그들이 얻을 것이니라 24 열 제자가 듣고 그 두 형제에 대하여 분히 여기거늘"(마20:20-24)

예수님의 제자 중 야고보와 요한의 어미가 예수님께 두 아들들을 데리고 와서 "나의 두 아들을 주의 나라에서 하나는 주의 우편에, 하나는 주의 좌편에 앉게 명하소서"라고 했는데 이 말을 들은 열 제자가 두 형제에 대하여 분히 여겼다고 했습니다. 열 제자도 속으로는 야고보와 요한과 같은 생각이 있었기 때문에 먼저 예수님께 높은 자리를 청탁한 두 형제에 대하여 분이 난 것입니다. 그러나 예수님은 세상 나라 이스라엘의 왕이 되려고 오신 것이 아니라 만왕의 왕으로 오셨기 때문에 "너희 구하는 것을 너희가 알지 못하는도다 나의 마시려는 잔을 너희가 마실 수 있느냐"라고 말씀하신 것입니다. 예수님이 말씀하신 '나의 마시려는 잔'이 무엇인지 몰랐던 제자들은 예수님께 할 수 있다고 대답을 했지만 예수님이 잡히시자 한 사람도 예수님과 함께 한 사람이 없었습니다.

— "보라 너희가 다 각각 제 곳으로 흩어지고 나를 혼자 둘 때가 오나니 벌써 왔도다 그러나 내가 혼자 있는 것이 아니라 아버지께서 나와 함께 계시느니라"(요16:32)

예수님이 만왕의 왕이 되시려면 먼저 많은 왕들이 나와야 합니다. 만왕의 왕은 '많은 왕들 중에서 최고의 왕'을 말하는 것입니다.

— "저희가 어린 양으로 더불어 싸우려니와 어린 양은 만주의 주시요 만왕의 왕이시므로 저희를 이기실 터이요 또 그와 함께 있는 자들 곧 부르심을 입고 빼내심을 얻고 진실한 자들은 이기리로다"(계17:14)

만왕의 왕이신 어린 양과 함께 있는 자들 곧 부르심을 입고 빼내심을 얻고 진실한 자들이 이기는 왕들이 됩니다.

— "6 내가 또 보니 보좌와 네 생물과 장로들 사이에 어린 양이 섰는데 일찍 죽임을 당한 것 같더라 일곱 뿔과 일곱 눈이 있으니 이 눈은 온 땅에 보내심을 입은 하나님의 일곱 영이더라 7 어린 양이 나아와서 보좌에 앉으신 이의 오른손에서 책을 취하시니라 8 책을 취하시매 네 생물과 이십사 장로들이 어린 양 앞에 엎드려 각각 거문고와 향이 가득한 금대접을 가졌으니 이 향은 성도의 기도들이라 9 새 노래를 노래하여 가로되

책을 가지시고 그 인봉을 떼기에 합당하시도다 일찍 죽임을 당하사 각 족속과 방언과 백성과 나라 가운데서 사람들을 피로 사서 하나님께 드리시고 10 저희로 우리 하나님 앞에서 나라와 제사장을 삼으셨으니 저희가 땅에서 왕 노릇 하리로다 하더라" (계5:6-10)

일찍 죽임을 당하신 어린 양이신 예수 그리스도께서 각 족속과 방언과 백성과 나라 가운데서 사람들을 피로 사서 하나님께 드리시니 그들이 땅에서 왕 노릇 한다고 했습니다.

— "11 미쁘다 이 말이여, 우리가 주와 함께 죽었으면 또한 함께 살 것이요 12 참으면 또한 함께 왕 노릇 할 것이요 우리가 주를 부인하면 주도 우리를 부인하실 것이라" (딤후2:11-12)

주와 함께 죽은 자들이 함께 살고 또한 참음으로 함께 왕 노릇 한다고 했습니다. 믿는 자들 속에 하나님의 나라가 이루어지면 그 나라를 다스리는 왕은 믿는 각 사람입니다. 믿는 자 속에 이루어지는 하나님의 나라는 반드시 땅에서 이루어집니다. 곧 믿는 자의 육체가 살아 있을 때 믿는 자 속에 하나님의 나라가 이루어지면 그 나라를 다스리는 왕도 하나님의 나라가 된 믿는 자가 됩니다. 믿는 각 사람이 하나님의 나라이면서 그 나라를 다스리는 왕이 되는 것입니다. 이 왕이 된 사람들이 거룩한 성 새 예루살렘에 자기 영광을 가지고 들어가는 땅의 왕들입니다.

— "22 성 안에 성전을 내가 보지 못하였으니 이는 주 하나님 곧

전능하신 이와 및 어린 양이 그 성전이심이라 23 그 성은 해나 달의 비췸이 쓸데없으니 이는 하나님의 영광이 비춰고 어린 양이 그 등이 되심이라 24 만국이 그 빛 가운데로 다니고 땅의 왕들이 자기 영광을 가지고 그리로 들어오리라 25 성문들을 낮에 도무지 닫지 아니하리니 거기는 밤이 없음이라 26 사람들이 만국의 영광과 존귀를 가지고 그리로 들어오겠고 27 무엇이든지 속된 것이나 가증한 일 또는 거짓말하는 자는 결코 그리로 들어오지 못하되 오직 어린 양의 생명책에 기록된 자들뿐이라"(계21:22-27)

믿는 자들이 땅에서 자기 속에 세워진 하나님의 나라를 잘 다스리면 거룩한 성 예루살렘에 자기 영광을 가지고 들어가는 땅의 왕들이 되는데 이 사람들이 바로 어린 양의 생명책에 기록된 자들입니다. 믿는 자들이 영광을 가진 왕들이 되면 어린 양이신 예수 그리스도는 만왕의 왕이 되시는 것입니다. 믿는 자들이 왕이 되지 못한다면 예수님도 만왕의 왕이 되실 수 없습니다. 하나님의 말씀은 반드시 이루어집니다. 그러므로 믿는 자들이 땅에서 왕 노릇하는 일도 반드시 이루어집니다.

5

주 예수가 된 자들만 장자들의 총회에 들어갑니다

만왕(萬王)의 왕(王)이신 어린 양이 만주(萬主)의 주(主)가 되십니다. 어린 양이신 예수님이 만왕의 왕이 되시려면 만왕(萬王)이 나와야 합니다. 예수님이 맏아들이 되시려면 하나님 아버지의 생명을 받은 형제들이 나와야 합니다. 예수님이 만주(萬主)의 주(主)가 되시는 것도 마찬가지입니다. 믿는 자들이 만주(萬主)가 되면 예수님은 자동으로 만주(萬主)의 주(主)가 되십니다. 여기서 믿는 자들이 만주(萬主)가 된다는 것은 예수님과 똑같은 상태가 되는 것을 말합니다.

"11 또 내가 하늘이 열린 것을 보니 보라 백마와 탄 자가 있으니 그 이름은 충신과 진실이라 그가 공의로 심판하며 싸우더라 12 그 눈이 불꽃 같고 그 머리에 많은 면류관이 있고 또 이름 쓴 것이 하나가 있으니 자기밖에 아는 자가 없고 13 또 그가 피 뿌린 옷을 입었는데 그 이름은 하나님의 말씀이라 칭하더라 14 하늘에 있는 군대들이 희고 깨끗한 세마포를 입고 백마를 타고 그를 따르더라 15 그의 입에서 이한 검이 나오니 그것으로 만국을 치겠고 친히 저희를 철장으로 다스리며 또 친히 하나님 곧 전능하신 이의 맹렬한 진노의 포도주 틀을 밟겠고 16 그 옷과 그 다리에 이름 쓴 것이 있으니 만왕의 왕이요 만주의 주라 하였더라" (계19:11-16)

요한계시록 19장에 백마와 탄 자가 있는데 그 이름은 충신(忠信)과 진실(眞實)이며 그가 공의(公義)로 심판(審判)하며 싸운다고 했습니다. 지금까지 이 말씀에 대한 거의 모든 해석을 재림(再臨)하시는 예수 그리스도로 했고 요한계시록 강의를 하는 사람들도 그렇게 말하고 있습니다. 그러나 이는 성경적으로 잘못된 해석입니다. 부활하신 예수님은 그 영혼이 많은 열매를 맺어서 아버지 안으로 가셨고 아버지 안으로 가신 예수님은 다시는 볼 수 없다고 했습니다. (요16:10) 아버지께로 가신 예수님은 아버지 안으로 가시면서 내가 이기고 아버지 보좌에 앉았다고 말씀하셨는데 그 보좌가 이제는 내 보좌라고 말씀하셨으므로 아버지 보좌에 앉으신 예수님이 바로 천상천하에 한 분 하나님이십니다. 창조주이신 분이 그 대상이 무엇이든지 피조물과 싸운다는 것은 있을 수가 없는 일입니다.

— "7 하늘에 전쟁이 있으니 미가엘과 그의 사자들이 용으로 더불어 싸울새 용과 그의 사자들도 싸우나 8 이기지 못하여 다시 하늘에서 저희의 있을 곳을 얻지 못한지라 9 큰 용이 내어쫓기니 옛 뱀 곧 마귀라고도 하고 사단이라고도 하는 온 천하를 꾀는 자라 땅으로 내어쫓기니 그의 사자들도 저와 함께 내어쫓기니라" (계12:7-9)

타락한 천사, 옛 뱀 곧 마귀인 사단이 땅으로 내어 쫓길 때 하늘에 전쟁이 있었는데 하나님의 군대장관 미가엘 천사장(天使將)과 그의 사자들이 용과 그의 사자들로 더불어 싸웠다고 했습니다. 창조주이신 하나님이 용과 싸워서 용을 내쫓은 것이 아닙니다. 예수님이 사망 권세를 이기시고 난 후에는 다시는 싸울 일이 없습니다. 창조주께서 어떻게 피조물과 싸우시겠습니까? 만약 창조주이신 하나님이 직접 마귀를 대적해서 싸우신다면 마귀가 반역한 후에 하고자 했던 일이 이루어져 버립니다.

> "12 너 아침의 아들 계명성이여 어찌 그리 하늘에서 떨어졌으며 너 열국을 엎은 자여 어찌 그리 땅에 찍혔는고 13 네가 네 마음에 이르기를 내가 하늘에 올라 하나님의 뭇 별 위에 나의 보좌를 높이리라 내가 북극 집회의 산 위에 좌정하리라 14 가장 높은 구름에 올라 지극히 높은 자와 비기리라 하도다"(사 14:12-14)

타락한 마귀가 노리는 것은 하나님과 대등한 위치에 오르는 것입니다. 그래서 마귀가 "내가 하늘에 올라 하나님의 뭇 별 위에 나의 보좌를 높이리라 내가 북극 집회의 산 위에 좌정하리라 가장 높은 구름에 올라 지극히 높은 자와 비기리라 하도다"라고 한 것입니다. 일부 종교에서 주장하는 원리처럼 절대적인 선한 신과 절대적인 악한 신에 의해서 우주 만물이 다스려진다는 주장을 담은 이원론(二元論)을 사람들에게 믿게 만드는 것이 마귀가 노리는 것입니다.

이제 성경에 기록된 싸움은 믿는 자들의 몫입니다. 그래서 이기는 자가 유업을 얻는다고 말씀하신 것입니다. 싸움이 있어야 이기는 자도 있는 것입니다.

백마와 그 탄 자의 이름이 충신(忠信)과 진실(眞實)이며 그가 공의(公義)로 심판(審判)하며 싸운다고 했습니다. 충신과 진실은 왕에게 신하된 자가 가져야 할 덕목입니다. 그리고 하나님은 공의의 하나님이시므로 하나님의 대리자가 되어서 싸우는 믿는 자들이 공의를 가지고 마귀를 심판하며 싸우는 것입니다. 여자의 후손이 뱀의 머리를 상하게 한다고 했습니다. (창3:15) 뱀의 머리를 상하게 하는 여자의 후손은 2,000년 전에 이 땅에 오신 예수님이 아닙니다. 성경에 여자는 교회의 예표이며 여자의 후손은 교회를 통해서 나오는 믿는 자들을 말합니다. 결국 믿는 자들이 세상 임금 마귀의 머리를 상하게 하고 심판도

하는 것입니다.

백마와 그 탄 자의 머리에 많은 면류관이 있고 또 이름 쓴 것이 하나가 있는데 자기밖에 아는 자가 없고 그가 피 뿌린 옷을 입었는데 그 이름이 하나님의 말씀이라고 했습니다. 많은 면류관이 있다는 것은 많은 영광을 가졌다는 뜻입니다. 자기 밖에 모르는 하나의 이름은 예수라는 이름을 믿는 자에게 주셨으므로(요20:31) 받는 사람만 알 수 있다는 뜻입니다. 그래서 예수 그리스도께서 자기 안에 계신 줄을 스스로 알지 못하면 버리운 자라고 했습니다. (고후13:5) 그리고 피 뿌린 옷을 입었는데 그 이름이 하나님의 말씀이라고 했습니다. 피 뿌린 옷은 십자가에 달려 피 흘리신 예수 그리스도로 옷 입었다는(롬13:14) 뜻이며 그 이름이 하나님의 말씀인데 예수 그리스도로 옷 입은 자들은 말씀을 받아서 하나님이 된 자들이라는 뜻입니다. (요10:34-35) 먼저 한 백마 탄 자가 나오면 곧 예수 그리스도로 옷 입고 말씀을 받아 하나님이 되었으며 예수의 이름을 가진 한 사람이 나오면 그 뒤를 따라 똑같이 희고 깨끗한 세마포를 입고 백마를 탄 군대가 그 뒤를 따르게 됩니다. 그리고 그의 입에서 이한 검이 나와서 만국을 치고 철장으로 다스린다고 했습니다. 입에서 나오는 이(利)한 검은 성령의 검 곧 하나님의 말씀을 뜻하고(엡6:17) 이 말씀으로 사람이 하나님이 되고 주 예수님으로 말미암아 주 예수가 되는 길을 방해하는 잘못된 교리를 깨트려 버리고 하나님의 말씀을 이루는 것을 뜻합니다. 철장 권세로 만국을 다스리는 권세는 해를 입은 한 여자를 통해서 나오게 됩니다.

—— "1 하늘에 큰 이적이 보이니 해를 입은 한 여자가 있는데 그 발 아래는 달이 있고 그 머리에는 열두 별의 면류관을 썼더라 2

이 여자가 아이를 배어 해산하게 되매 아파서 애써 부르짖더라 3 하늘에 또 다른 이적이 보이니 보라 한 큰 붉은 용이 있어 머리가 일곱이요 뿔이 열이라 그 여러 머리에 일곱 면류관이 있는데 4 그 꼬리가 하늘 별 삼분의 일을 끌어다가 땅에 던지더라 용이 해산하려는 여자 앞에서 그가 해산하면 그 아이를 삼키고자 하더니 5 여자가 아들을 낳으니 이는 장차 철장으로 만국을 다스릴 남자라 그 아이를 하나님 앞과 그 보좌 앞으로 올려가더라" (계12:1-5)

해를 입은 한 여자는 하나님으로 온전히 옷 입은 최초의 사람을 말합니다. 곧 믿는 자들이 말씀을 받아서 하나님이 된다고 전하며 주 예수님의 생명을 받아 믿는 자들이 주 예수들이 되는 것을 전하고 믿는 자들이 하나님 아버지의 생명을 받은 친아들이 되는 것을 전하는 사람이 먼저 나온다는 뜻입니다. 그리고 해를 입은 한 여자가 내어 놓은 교리를 통해서 철장 권세로 만국을 다스리는 이기는 자들이 나오게 됩니다. 해를 입은 한 여자를 통해서 많은 해를 입은 여자들이 나오는 것과 한 백마 탄 자가 나오고 그 뒤를 많은 백마 탄 자가 따르는 것은 같은 내용을 말씀하는 것입니다.

"26 이기는 자와 끝까지 내 일을 지키는 그에게 만국을 다스리는 권세를 주리니 27 그가 철장을 가지고 저희를 다스려 질그릇 깨뜨리는 것과 같이 하리라 나도 내 아버지께 받은 것이 그러하니라" (계2:26-27)
"7 내가 영(令)을 전하노라 여호와께서 내게 이르시되 너는 내 아들이라 오늘날 내가 너를 낳았도다 8 내게 구하라 내가 열방

을 유업으로 주리니 네 소유가 땅 끝까지 이르리로다 9 네가
철장으로 저희를 깨뜨림이여 질그릇같이 부수리라 하시도다"
(시2:7-9)

철장으로 만국을 다스리는 권세를 이기는 자들에게 주신다고 했는
데 이 권세는 여호와 하나님이 아들들에게 영(☆)을 전하신 것입니다.
하나님의 명령으로 아들이 된 자들이 받을 권세가 철장으로 만국을
다스릴 권세이며 이기는 자들에게 주시는 권세입니다.

백마 탄 자의 옷과 다리에 이름 쓴 것이 있는데 "만왕의 왕이요, 만
주의 주"라고 했습니다. 백마 탄 자의 이름이 "만왕의 왕이요, 만주의
주"라는 뜻이 아닙니다. 어린 양이신 예수 그리스도가 "만왕의 왕이
요, 만주의 주"이신데 그 권세를 받았다는 뜻입니다. 그래서 옷과 다
리에 이름 쓴 것이 있다고 한 것입니다. 이것은 어린 양과 함께 시온
산에 서 있는 십사만 사천의 인 맞은 자들의 이마에 어린 양의 이름과
그 아버지의 이름이 있는 것과 같은 뜻입니다. 십사만 사천의 이마에
어린 양의 이름과 그 아버지의 이름이 있다고 그들이 아버지가 되고
만왕의 왕이요, 만주의 주가 되시는 어린 양이 되는 것은 아닙니다. 마
찬가지로 백마 탄 자의 옷과 다리에 있는 이름은 그 영광과 권세를 받
았다는 뜻입니다.

──   "또 내가 보니 보라 어린 양이 시온 산에 섰고 그와 함께 십사
만 사천이 섰는데 그 이마에 어린 양의 이름과 그 아버지의
이름을 쓴 것이 있도다" (계14:1)

요한계시록에 기록된 모든 말씀은 믿는 자를 통해서 믿는 자 안에서 이뤄져야 합니다. 이것을 모르는 사람들은 여전히 공중에 구름 타고 오시는 하나님의 아들 예수의 재림을 기다리고 있습니다. 이런 사람들은 한 사람도 구원을 받을 수 없습니다.

———   "22 그러나 너희가 이른 곳은 시온 산과 살아 계신 하나님의 도성인 하늘의 예루살렘과 천만 천사와 23 하늘에 기록한 장자들의 총회와 교회와 만민의 심판자이신 하나님과 및 온전케 된 의인의 영들과 24 새 언약의 중보이신 예수와 및 아벨의 피보다 더 낫게 말하는 뿌린 피니라"(히12:22-24)

하늘에 기록한 장자(長子)들의 총회가 있는데 여기에는 장자(長子)들만 들어갈 수 있습니다. 장자는 맏아들입니다. 예수님이 맏아들이신 것처럼 예수님과 똑같이 된 자들이 들어갈 수 있습니다. 그래서 첫 것이 폐해지고 둘째 것이 세워진 사람이 들어가는 것입니다.

———   "9 그 후에 말씀하시기를 보시옵소서 내가 하나님의 뜻을 행하러 왔나이다 하셨으니 그 첫 것을 폐하심은 둘째 것을 세우려 하심이니라 10 이 뜻을 좇아 예수 그리스도의 몸을 단번에 드리심으로 말미암아 우리가 거룩함을 얻었노라"(히10:9-10)

폐하실 첫 것은 첫 사람 아담이고 세워질 둘째 것은 마지막 아담이신 예수 그리스도입니다. 구약은 신약에 예수 그리스도께서 오심으로 성취(成就)될 일을 미리 말씀하신 예표요, 모형이요, 그림자입니다. 그래서 구약에는 첫 것을 폐하고 둘째 것을 세우는 사건이 많이 기록되어 있습니다.

첫 것을 폐하고 둘째 것을 세우는 예표

◆ 가인의 제사는 받지 않으시고 아벨의 제사만 받으셨습니다. (창4:1-7)

◆ 아브라함의 큰아들 이스마엘을 폐하고 둘째 아들 이삭을 세우셨습니다. (창 21:8-21)

◆ 이삭의 쌍둥이 아들 중에 형(兄) 에서를 폐하고 동생인 야곱을 세우셨습니다. (창27:1-45)

◆ 유다가 다말에게서 난 쌍둥이 베레스와 세라중에 나중에 난 베레스의 혈통에서 예수님이 오셨습니다. (창38:1-30, 마1:1-16)

◆ 요셉의 두 아들 므낫세와 에브라임을 야곱이 축복할 때 장자의 축복을 차자인 에브라임에게 하게 하셨습니다. (창48:8-20)

◆ 이스라엘의 첫 번째 왕 사울을 폐하시고 다윗을 택하여 왕이 되게 하셨습니다. (삼상13:13-15, 15:10-23, 16:1-13)

이상에서 기록된 말씀처럼 하나님은 철저하게 첫 것은 폐하시고 둘째 것을 세우신다는 것을 예표로써 보여 주고 계십니다. 성경 전체는 믿는 자들이 주 예수님으로 말미암아 주 예수님과 똑같이 되어서 하나님의 말씀을 이루는 일이 기록되어 있습니다. 원래 장자가 아니었는데 첫 것이 폐해지고 장자가 되는 것처럼 믿는 우리도 첫 사람 아담이 폐해지고 둘째 사람 예수 그리스도로 세워져야 장자들의 총회에 들어갈 수 있습니다.

《 6 》

믿는 자들이 하나님의 친아들
주 예수가 되는 것이 구원입니다

하나님이 계획하시고 계획하신 대로 이루시는 일 곧 하나님의 경륜
(經綸)은 예수 그리스도로 말미암아 자기의 아들들을 얻는 것입니다.

—— "3 찬송하리로다 하나님 곧 우리 주 예수 그리스도의 아버지
께서 그리스도 안에서 하늘에 속한 모든 신령한 복으로 우리
에게 복 주시되 4 곧 창세 전에 그리스도 안에서 우리를 택하
사 우리로 사랑 안에서 그 앞에 거룩하고 흠이 없게 하시려고
5 그 기쁘신 뜻대로 우리를 예정하사 예수 그리스도로 말미
암아 자기의 아들들이 되게 하셨으니 6 이는 그의 사랑하시
는 자 안에서 우리에게 거저 주시는바 그의 은혜의 영광을 찬
미하게 하려는 것이라"(엡1:3-6)
"피조물의 고대하는 바는 하나님의 아들들의 나타나는 것이니"
(롬8:19)

하나님 곧 우리 주 예수 그리스도의 아버지께서 예수 그리스도로
말미암아 어떻게 아들들을 얻으십니까? 아버지의 생명을 예수 그리

스도를 통해서 분배하시므로 친아들들을 얻으십니다. 첫 열매이신 그리스도로 믿는 자들을 첫 열매가 되게 하시고 육체가 성전이 되신 예수님과 같이 믿는 자들도 육체가 있을 때 성전이 되게 하시고 첫 것을 폐하고 둘째 것을 세우시므로 믿는 자들을 장자들의 총회에 들어가게 하시고 만왕(萬王)의 왕(王)이시오, 만주(萬主)의 주(主)가 되시는 어린 양 예수 그리스도와 함께 만왕(萬王)이 되고 만주(萬主)가 되게 하십니다. 이 모든 일을 이루시기 위해서 반드시 하나님 아버지의 생명을 아들들에게 주셔야 합니다. 그래서 성경에서 하나님이 하시는 일을 한마디로 표현하자면 '생명분배(生命分配)'라고 할 수 있습니다. 예수님과 똑같은 생명을 믿는 자들에게 주셔서 믿는 자들이 하나님의 아들이 된다면 그 아들은 하나님의 친아들입니다. 그래서 믿는 우리는 한 하나님 아버지에게서 났으므로 예수님과 형제가 되는 것입니다.

— "거룩하게 하시는 자와 거룩하게 함을 입은 자들이 다 하나에서 난지라 그러므로 형제라 부르시기를 부끄러워 아니하시고"(히2:11)

"너희는 하나님께로부터 나서 그리스도 예수 안에 있고 예수는 하나님께로서 나와서 우리에게 지혜와 의로움과 거룩함과 구속함이 되셨으니"(고전1:30)

"7 자녀들아 아무도 너희를 미혹하지 못하게 하라 의를 행하는 자는 그의 의로우심과 같이 의롭고 8 죄를 짓는 자는 마귀에게 속하나니 마귀는 처음부터 범죄함이니라 하나님의 아들이 나타나신 것은 마귀의 일을 멸하려 하심이니라 9 하나님께로서 난 자마다 죄를 짓지 아니하나니 이는 하나님의 씨가 그의 속에 거함이요 저도 범죄치 못하는 것은 하나님께로서

났음이라"(요일3:7-9)

하나님의 씨가 속에 거하는 자들이 하나님께로서 난 자들입니다. 하나님께로서 난 자들은 범죄하지 못한다고 했습니다. 하나님의 씨가 그리스도입니다. 그리스도가 믿는 자 안에 들어오시면 그때부터 믿는 자의 생명은 그리스도입니다. 그래서 이제 내가 사는 것이 아니라 내 안에 그리스도께서 사시는 것입니다.

—— "내가 그리스도와 함께 십자가에 못 박혔나니 그런즉 이제는 내가 산 것이 아니요 오직 내 안에 그리스도께서 사신 것이라 이제 내가 육체 가운데 사는 것은 나를 사랑하사 나를 위하여 자기 몸을 버리신 하나님의 아들을 믿는 믿음 안에서 사는 것 이라"(갈2:20)
"10 우리가 항상 예수 죽인 것을 몸에 짊어짐은 예수의 생명도 우리 몸에 나타나게 하려 함이라 11 우리 산 자가 항상 예수 를 위하여 죽음에 넘기움은 예수의 생명이 또한 우리 죽을 육 체에 나타나게 하려 함이니라"(고후4:10-11)

예수의 생명이 나타나는 몸과 육체는 예수의 몸과 육체입니다. 예수가 된 사람만 그 몸과 죽을 육체에서 예수의 생명이 나타날 수 있습니다. 믿는 자가 하나님의 친아들 주 예수들이 되는 것이 구원입니다. 성경 전체는 믿는 자들이 주 예수님으로 말미암아 주 예수가 되는 일들이 기록된 책입니다. 이 책을 읽으시는 분들은 꼭 하나님의 경륜의 틀 안에서 성경을 읽고 깨달아서 하나님의 친아들 주 예수가 되는 신령한 복을 받으시기를 기도합니다.

부록

아타나시우스의
삼위일체 신조 44

아타나시우스의 존재론적 삼위일체의 44개 신조대로 하나님을 믿
으면 입으로는 하나님이 한 분이라고 말하지만 마음속으로는 성부와
성자와 성령이 각각 존재하시는 세 분 하나님들을 믿게 됩니다. 성경
에는 예수 그리스도로 말미암아 영생을 얻는 것이 아버지의 뜻이라고
말씀하고 있는데 아타나시우스의 존재론적 삼위일체의 44개 신조에
는 하나님 아버지의 생명을 얻어야 한다는 내용이 단 한 번도 나오지
않습니다. 이 신조대로 하나님을 믿는다면 단 한 사람도 구원을 받을
수가 없고 마귀의 자식이 되어 불과 유황으로 타는 못(곧 둘째 사망)에
들어가서 영원히 살게 됩니다.

1. 누구든지 구원을 받고자 하는 사람은 모든 것 이전에 먼저 이 신앙을
   소유해야 한다.
2. 이 모든 신앙의 내용을 온전히 이루지 못하는 사람들은 영원토록 멸
   망을 받을 것이다.
3. 이 신앙은 다음의 것들이다. 우리는 삼위일체 되신 한 분 하나님을 믿
   는다.

4. 이 삼위일체는 인격을 혼합한 것도 아니요, 그 본질을 나눈 것도 아니다.

5. 왜냐하면 아버지의 한 인격과 아들의 다른 인격, 또한 성령의 또 다른 인격이 계시기 때문이다.

6. 그러나 성부와 성자와 성령의 머리되심은 모두가 다 하나요, 그 영광도 동일하며, 그 위엄도 함께 영원한 것이다.

7. 성부와 성자와 성령은 그 자체로 존재한다.

8. 성부와 성자와 성령은 결코 창조되지 않았다.

9. 성부와 성자와 성령은 우리의 이해를 초월한 분이시다.

10. 성부와 성자와 성령은 영원한 분이시다.

11. 그러나 세 분이 영원한 분들이 아니며 다만 영원한 한 분만이 계실 따름이다.

12. 창조되지도 않았고 우리의 이해를 초월한 세 분이 있는 것이 아니라 창조되지도 않았고 인간의 이해를 초월한 단 한 분만이 계실 뿐이다.

13. 성부께서 전능하시듯이 성자와 성령도 전능하시다.

14. 그러나 세 분의 전능자가 계신 것이 아니요, 오직 한 분의 전능자가 계실 뿐이다.

15. 성부가 하나님이시듯이 성자도 성령도 하나님이시다.

16. 그럼에도 세 분 하나님이 계신 것이 아니라 한 분 하나님만이 계실 뿐이다.

17. 성부께서 주님이시듯이 성자도 성령도 주님이시다.

18. 그럼에도 주님은 세 분이 아니라 한 분이실 뿐이다.

19. 우리는 이 각각의 세 분이 그 스스로 하나님이시요, 주님이시라는 사실을 기독교의 진리로 받는 바이다.

20. 따라서 세 분 하나님이 계시며 세 분 주님이 계시다는 말은 참 기독교인으로서 금한다.

21. 성부는 그 무엇에서 만들어지거나 창조되거나 유래된 분이 아니다.

22. 성자는 성부에게서 왔으나 지음을 받았거나 유래된 분이 아니다.

23. 성령은 성부와 성자에게서 왔으나 지음을 받았거나 유래되었거나 발생된 분이 아니시다.

24. 따라서 세 분 성부가 아닌 한 성부, 세 분 성자가 아닌 한 성자, 세 분 성령이 아닌 한 성령만이 계실 뿐이다.

25. 이 삼위일체에 있어서 어느 한 분이 앞서거나 뒤에 계신 것이 아니며, 더 위대하거나 덜 위대한 분도 없다.

26. 다만 세 분이 함께 동등하다는 것이다.

27. 따라서 앞에 말한 대로 이 모든 것에서 세 분이면서도 한 분으로 통일을 이루는 삼위일체께서 경배를 받으셔야 할 것이다.

28. 그러므로 구원받을 사람들은 삼위일체에 대하여 생각해야만 한다.

29. 더 나아가 영원한 구원을 얻는 데에는 우리 주 예수 그리스도의 성육에 대하여 올바로 믿어야 한다.

30. 올바른 믿음이란 하나님의 아들이신 우리 주 예수 그리스도께서는 하나님이시요, 동시에 인간이라는 사실을 믿고 고백하는 것이다.

31. 그는 성부의 본체이시며 이 세상이 생겨나기 전에 나신 자요, 동시에 그 어머니의 본질을 갖고 이 세상에 나신 분이시다.

32. 완전한 하나님이시요, 또한 완전한 인간으로서 영혼과 육신을 갖고 계신 분이시다.

33. 하나님 되심에 있어서는 성부와 동등되나 그의 인간되심에 있어서는 성부보다 낮으신 분이시다.

34. 비록 그는 하나님이시며 인간이 되시긴 하나 두 분이 아니요, 한 분 그리스도일 뿐이다.

35. 그리스도는 하나님의 머리 되심이 육신으로 전환된 것이 아니라 인

간의 몸을 취한 하나님이신 분이시다.

36. 그리스도는 그 본질이 혼합된 분이 아니라 인격의 통일성으로 하나 되신 분이시다.

37. 한 인간이 영혼과 육신을 가졌듯이 한 그리스도께서는 하나님이시 요, 동시에 인간이 되신다.

38. 그분은 우리를 위해 고난받으시고 음부에 내려가셨다가 삼일 만에 죽은 자 가운데서 다시 사셨다.

39. 그는 하늘에 오르사 전능하신 하나님, 곧 성부의 오른편에 앉아계시며

40. 거기로서 산 자와 죽은 자를 심판하러 오실 것이다.

41. 그가 오실 때에 만민은 육체로 다시 일으킴을 받으며,

42. 자신들의 행위에 따라 판단을 받을 것이다.

43. 그리고 선한 일을 행한 자는 영생으로 나가고 악을 행한 자는 영원 한 불에 들어갈 것이다.

44. 이것이 교회의 참 신앙이며, 이를 신실하게 믿지 않는 자는 구원을 얻지 못하는 것이다.

사람이 하나님이 되는
신조 68

사람이 하나님들이 되게 하는 68개의 신조대로 하나님을 믿으면 예수 그리스도만이 천상천하에 한 분 하나님이시라는 것을 확실하게 알고 믿으므로 예수 그리스도로 말미암아 믿는 자들이 하나님들이 되어서 하나님의 말씀대로 믿는 자들 속에 하나님의 나라가 이루어지고 육체를 입고 사는 동안 하나님의 모든 말씀을 이루어 드리는 하나님의 후사가 되어 하나님이 약속하신 유업을 다 받아 누리는 거룩한 하나님의 아들들이 다 될 수 있습니다.

1. 하나님은 한 분이십니다.(신6:4, 엡4:5-6)
2. 아버지가 하나님이시기 때문에 하나님은 한 분이시고 그 생명도 하나입니다.(고전8:6)
3. 여호와 하나님은 사람의 형체를 하고 계십니다.(창1:26-27)
4. 여호와 하나님 아버지 속에 있는 생명을 하나님이라고 합니다.
5. 여호와 하나님 아버지는 한 분이시지만 하나님은 많습니다.(시82:1)
6. 하나님은 한 분이시지만 또 하나님이 많은 이유는 하나님의 생명을 분배받은 존재는 다 하나님이 되기 때문입니다.(요10:34-35)

7. 여호와 아버지가 하나님이십니다.(말2:10)

8. 아들 예수 그리스도가 하나님입니다.(딛2:13)

9. 성령이 하나님입니다.(행5:3-4)

10. 말씀이 하나님입니다.(요1:1)

11. 말씀을 받은 사람들이 하나님들이 됩니다.(요10:35)

12. 하나님이라고 할 때는 아버지와 아들과 성령을 포함한 분을 지칭합니다.

13. 한 분 하나님이 하나님의 아들이 되고 아내가 되고 또 아들들이 되는 것이 기독교입니다.

14. 영원히 배반과 반역이 없는 하나님의 나라를 세우기 위하여 하나님이 하나님의 아들이 되셨습니다.(사9:6)

15. 자기가 자기를 배반하지 않기 때문에 하나님이 하나님의 아들이 되셨습니다.

16. 하나님이 지으신 천사가 하나님을 배반해서 사단 곧 마귀가 되었습니다.(겔28:15)

17. 천사는 하나님의 생명으로 낳지 않았기 때문에 하나님을 배반했습니다.(사14:14)

18. 한 분 하나님 아버지께서 예수 그리스도로 말미암아 생명을 분배하시어 많은 하나님의 아들들을 얻으시는 것이 하나님의 경륜입니다.(엡1:3-5)

19. 일위일체로 계신 한 분 하나님이 많은 아들들을 얻으시기 위하여 '그'로 일하십니다.(사41:4)

20. 한 분 하나님이 아버지와 아들과 성령으로 일하실 때 '그'로서 일하십니다.

21. 처음이요, 마지막이신 분이 일하실 때 '그'로서 일하십니다.(사48:12,

계1:17-18)

22. 예수님이 자신을 '그'라고 할 때는 여호와로 말미암은 여호와가 아닌 여호와를 말합니다.(요8:24)

23. 많은 하나님의 아들들을 얻으시려고 예수님께서 '그'로서 일하십니다.(요13:19)

24. 증인과 종들을 택하신 것은 여호와께서 '그'로서 일하심을 깨닫게 하려 함입니다.(사43:10)

25. 여호와도 '그'요, 아들 예수도 '그'요, 성령도 '그'이십니다.(사41:4, 요8:24, 요16:13-14)

26. 예수님이 '그'로서 일하심으로 말미암아 하나님의 아들이 된 자도 '그'입니다.(요일3:2-3)

27. 아버지와 아들과 성령은 영원부터 영원까지 아버지 안에 하나로 계십니다.

28. 예수 그리스도는 아버지의 생명을 받아 하나님의 아들이 되셨습니다.(요5:26)

29. 예수 그리스도는 하나님의 본체가 직접 오셔서 육신을 입으시고 하나님의 아들이 되셨습니다.(빌2:5-6)

30. 예수님이 육신이 되셨을 때 아버지는 예수님 안에 영체로 계시기 때문에 예수님 한 분 안에서 아버지와 아들로 계십니다.(요14:10-11)

31. 한 분 예수 그리스도 안에서 아버지는 영체로 예수님은 육체로 성령은 생명으로 계십니다.

32. 하나님 아버지 속에 있는 생명이 생각을 통하여 입으로 말씀하시면 이것이 말씀입니다.

33. 말씀하신 것을 이루시기 위해 아버지 속에 있는 생명이 활동을 하시면 이것이 성령입니다.

34. 아버지와 아들은 형체가 있으나 성령과 말씀은 형체가 없습니다.

35. 영체로서 사람의 형체를 하고 계시는 여호와 하나님께서 육체를 입으시고 육신 안에서 아들이 되신 것은 많은 아들들을 얻기 위한 씨를 만들기 위함입니다.(요12:24)

36. 그리스도는 하나님 아버지의 생명에 사람이신 예수의 생명이 더해진 하나님의 씨입니다.

37. 예수 그리스도는 십자가에서 몸을 버리시고 아버지 속으로 가셨기 때문에 이제는 아버지로 계십니다.(갈2:20, 요14:20)

38. 몸을 영원히 버리신 하나님의 아들 예수 그리스도를 믿어야 사람이 하나님의 아들이 될 수 있습니다.(갈2:20)

39. 초림하신 예수 그리스도는 온 세상의 죄를 짊어지시고 죽으셨습니다.(요1:29, 요일2:2)

40. 영이신 아버지는 죽을 수가 없기 때문에 육체를 입으신 예수 그리스도께서 십자가에서 피를 흘리고 죽으셨습니다.(골1:22)

41. 아버지는 죽을 수 없는 분이기 때문에 예수님께서 십자가에서 죽으실 때 예수님 속에서 나와서 원래 아버지의 보좌로 가시고 예수님은 아버지 속으로 가십니다.(요14:20, 16:28)

42. 사람이 하나님의 씨를 받아 하나님의 아들이 되려면 반드시 그리스도와 함께 죽었다고 믿어야 합니다.(갈2:20)

43. 부활하신 예수님은 하나님 우편으로 가셨는데 권능과 위엄의 우편인 아버지 하나님 속으로 가셨습니다.(마26:64, 히1:3)

44. 예수님이 이기고 예수님의 보좌에 앉으신 것이 아니라 아버지의 보좌에 앉으셨는데 예수님은 그 보좌를 내 보좌라고 하셨습니다.(계3:21)

45. 하늘의 보좌는 하나밖에 없기 때문에 보좌에 앉으신 분이 천상천하에 유일하신 한 분 하나님입니다.(계21:5-7)

46. 몸의 부활을 믿고 전하는 것이 기독교입니다.(행17:18)

47. 예수님은 십자가에서 죽으실 때 영혼과 몸과 육체가 다 죽었습니다.(사53:12, 골1:22)

48. 아버지께서 십자가에서 죽으신 예수님의 영을 살리셔서 그 영이 아버지 속으로 가셨습니다.(벧전3:18, 롬1:4)

49. 몸을 버리시고 아버지 속으로 가신 예수 그리스도의 영혼이 믿는 사람 속에 들어가 믿는 사람의 몸을 얻는 것이 예수님의 몸의 부활입니다.

50. 그리스도께서 믿는 자의 몸을 얻으면 믿는 자의 몸이 그리스도의 몸이 됩니다.(고전12:27)

51. 성경에서 말하는 죽은 자는 육체를 살아있으나 속에 산 자이신 하나님이 없는 자들입니다.(마8:21-22, 딤전5:6)

52. 예수께서 죽은 자 가운데서 다시 사셨다는 것은 육체가 죽은 사람들 중에서 예수님만 살아나셨다는 것이 아니라 속에 산 자이신 하나님이 없는 자들 속에서 사셨다는 것입니다.(고전15:20)

53. 그리스도께서 죽은 자 가운데서 다시 살 때 그 죽은 자가 산 자가 되어 하나님의 아들이 되고 이것이 예수 그리스도의 재림이며 구원입니다.(히9:28)

54. 사람은 부활이 아니고 예수 그리스도가 부활입니다.(요11:25)

55. 사람은 반드시 부활이신 예수 그리스도와 연합해야만 부활할 수 있습니다.(롬6:5, 6:8)

56. 예수 그리스도의 부활은 초림하신 예수님 한 분에게만 국한된 것이 아니라 믿는 모든 자들이 예수 그리스도로 말미암아 부활해야 하기 때문에 지금도 계속 이루어지고 있습니다.

57. 예수 그리스도는 죽은 자 가운데서 부활하심으로 말미암아 우리를

거듭나게 하십니다.(벧전1:3)

58. 믿는 자들이 하나님의 살아있고 항상 있는 말씀으로 거듭납니다.(벧전1:23)

59. 믿는 자들이 성령으로 거듭나지 아니하면 하나님의 나라를 볼 수 없습니다.(요3:3-5)

60. 그러므로 부활과 말씀과 성령은 하나입니다.

61. 아버지의 생명이신 성령이 사람이신 예수 안에 들어가서 예수님과 하나 된 생명이 그리스도인데 이 그리스도의 영을 믿는 자들에게 주시므로 믿는 자들이 하나님의 아들이 되고 구원을 받습니다.(롬8:9-10)

62. 성령과 하나님의 영은 아버지의 영이고 그리스도의 영과 예수의 영은 아들의 영입니다.

63. 믿는 자가 그리스도의 영을 받아서 하나님의 아들이 되었다면 반드시 성령을 보증으로 믿는 자의 마음에 주시기 때문에 그리스도의 영과 성령은 함께 믿는 자 속으로 오십니다.(행2:38, 고후1:21-22, 요14:23)

64. 예수님과 믿는 자들은 한 아버지에게서 나왔기 때문에 형제가 됩니다.(히2:11)

65. 예수님은 외아들이 아니라 많은 형제 중에서 맏아들이 되셨습니다.

66. 예수 그리스도가 육체로 부활하셔서 공중으로 재림한다고 믿는 자들은 다 가짜입니다.

67. 예수 그리스도로 말미암아 그리스도 예수가 된 자들이 영원히 배반과 반역이 없는 하나님의 나라를 이룹니다.(눅17:20-21, 계5:9-10)

68. 일위일체로 계신 한 분 하나님이 많은 하나님의 아들들을 얻기 위하여 삼위로 일하심을 믿지 않으면 단 한 사람도 하나님의 아들이 될 수 없습니다.

주 예수님으로 말미암아
믿는 자들이 주 예수들이 되는 집회안내

이 집회에 참석하시면 주 예수님만이 천상천하에 유일하신 한 분 하나님이심을 바로 알게 되므로 믿는 자들이 주 예수님으로 말미암아 하나님의 아들들이 되어 이 땅에서 천국의 기쁨을 누리고 사는 자들이 될 수 있습니다.

† 집회 일정

- 서울 – 목회자 · 평신도 성장반
  - 매월 첫째, 둘째, 넷째 주 월요일부터 수요일까지
  - 매월 다섯째 주가 있는 달은 특별 성장반 집회

- 서울 – 목회자 · 평신도 특별반
  - 매월 셋째 주 월요일부터 수요일까지

  ※ 특별반 집회를 수료하신 분들만 성장반 집회를 참석하실 수 있습니다.

† 집회 시간

첫째 날 : 오전 10시부터 오후 5시까지

둘째 날 : 오전 10시부터 오후 5시까지

셋째 날 : 오전 10시부터 오후 4시까지

† 장소

대한예수교 장로회 서울주안교회

서울 구로구 구로중앙로28다길 13

교회(☎) 02-853-0175, 02-862-3053

† 참가대상

목사, 사모, 전도사, 신학생, 평신도(참가비 전원 무료)

† 신청

전화로 신청하십시오

홈페이지: http://www.juyea.net

다음카페 ; https://cafe.daum.net/juyeba

YouTube에서 〈주안교회〉를 검색하세요!

사단법인 영원한복음총회
설립목적

본 법인은 신, 구약 성경으로 신앙고백을 같이 하며 하나님의 말씀대로 세상의 빛과 소금으로서 제 역할과 소명을 다하기 위해 교파를 초월하여 모인 목회자들과 동역자들이 사업을 공동으로 연구, 협의, 시행하는 것을 목적으로 한다.

† 사단법인 영원한복음총회 사업내용

교회의 제 모습을 찾기 위한 초 교파적인 복음전파와 선교사업

목회자의 자질 향상을 위한 신학연구사업

선교를 위한 출판과 홍보사업

그 밖에 법인 목적 달성을 위해 필요한 사업

홈페이지 www.eggassy.org

법인설립허가증

제2021-광주광역시-3호

비영리법인 설립허가증

1. 법인명칭 : 사단법인 영원한복음총회

2. 소 재 지 : 광주광역시 남구 수박등로 70(월산동)

3. 대 표 자
   ○ 성   명: 주 성 대
   ○ 생년월일: 1969. 02. 24.
   ○ 주   소: 광주광역시 남구 수박등로 70(월산동)

4. 사업내용
   ○ 교회의 제 모습을 찾기 위한 초교파적인 복음전파와 선교사업
   ○ 목회자의 자질 향상을 위한 신학연구사업
   ○ 선교를 위한 출판과 홍보사업
   ○ 그 밖에 법인 목적 달성을 위해 필요한 사업

5. 허가 조건 : 준수사항 참조

「민법」 제32조 및 「문화체육관광부 및 문화재청 소관 비영리법인의 설립 및 감독에 관한 규칙」 제4조에 따라 위와 같이 법인 설립을 허가합니다.

※ 최초허가일: 2021. 4. 15.

2021년 4월 15일

광 주 광 역 시

- 1 -

후원계좌 안내

"성경대로 하나님을 알지 못하면 절대로 구원받을 수 없고 하나님의 아들이 될 수 없습니다. 지금 모든 교회가 아타나시우스의 삼위일체 교리의 영향을 받아서 한 분이신 하나님을 세 분으로 잘못 믿고 있습니다. 이 책은 성경에 있지만 봉함되어 있기 때문에 전해지지 못했던 생명 얻는 길을 모든 기독교인들에게 전하기 위하여 기부금을 재원으로 자비 출판하고 있습니다. 하나님께서 주시는 대로 계속해서 책을 만들어 출판할 계획입니다. 이 뜻에 동참하고자 원하시는 분은 아래의 계좌를 이용해주시면 감사하겠습니다."

농　협 : 301-0291-5304-11　　예금주 : 사단법인 영원한복음총회

하나님의 친아들이
되는 것이
구원입니다

초판 1쇄 발행 2024. 2. 12.

지은이 주종철, 주성대
교정 이소영
펴낸이 김병호
펴낸곳 주식회사 바른북스

편집진행 박하연
디자인 김민지

등록 2019년 4월 3일 제2019-000040호
주소 서울시 성동구 연무장5길 9-16, 301호 (성수동2가, 블루스톤타워)
대표전화 070-7857-9719 | **경영지원** 02-3409-9719 | **팩스** 070-7610-9820

•바른북스는 여러분의 다양한 아이디어와 원고 투고를 설레는 마음으로 기다리고 있습니다.

이메일 barunbooks21@naver.com | **원고투고** barunbooks21@naver.com
홈페이지 www.barunbooks.com | **공식 블로그** blog.naver.com/barunbooks7
공식 포스트 post.naver.com/barunbooks7 | **페이스북** facebook.com/barunbooks7

ⓒ 주종철, 주성대, 2024
ISBN 979-11-93647-94-3 03230